YOSHIHIRO IKEDA

EL MÉTODO IKEDA

El secreto japonés para mejorar tu memoria

Traducción de
Raquel Viadel

Primera edición: junio de 2020
Título original: *Mirudake de katte ni kioku-ryoku ga yoku naru doriru*
Publicado originalmente por Sunmark Publishing, Inc, Tokio (Japón) en 2019.

Diseño de cubierta: Taller de los Libros

Publicado por Kitsune Books
C/ Aragó, n.º 287, 2.º 1.ª
08009, Barcelona
www.kitsunebooks.org

ISBN: 978-84-16788-43-9
THEMA: VSPT
Depósito legal: B 10843-2020
Preimpresión: Taller de los Libros
Impresión y encuadernación: Black Print
Impreso en España – *Printed in Spain*

El secreto de la memoria

Ejercicios para el sensor de detección

Ejercicios para el sensor de clasificación

Ejercicios para el sensor de cotejo

Ejercicios para el sensor de imagen

Ejercicios para el sensor de relación

La causa de la pérdida de la memoria es el aburrimiento

«Estoy un poco preocupado porque últimamente se me olvidan las cosas», «Me cuesta recordar la cara y el nombre de los clientes», «Tengo que memorizar muchos términos para aprobar el examen». Seguro que en muchas ocasiones has pensado que necesitarás tener más memoria. Y supongo que cuando eras joven, recordabas más cosas.

En realidad, es durante la infancia cuando encontramos las pistas para mejorar la memoria. Piensa en tus hijos (si los tienes) o en ti mismo cuando eras pequeño. Los niños memorizan muchas cosas en un instante, por ejemplo la marca de los coches o el nombre de los personajes de un juego.

Esto se debe a que hay muchas cosas que les interesan y se emocionan por aquello que les atrae. Estas emociones tienen un gran impacto en el cerebro; abren la puerta del hipocampo, la entrada de la memoria, y quedan grabadas. En otras palabras, si algo es impactante para nuestro cerebro, nos resultará más fácil de recordar y, por tanto, más fácil de aprender.

Sin embargo, a medida que envejecemos, aquello que queremos recordar no nos resulta tan emocionante. Pero no te preocupes. En este libro te mostraré cómo provocar esa reacción en el cerebro y mejorar la memoria de forma natural, del mismo modo en que aprenden los niños. Con este método simplemente cambiarás la forma en que ves las cosas y, sin darte cuenta, lo habrás memorizado.

La inspiración es el interruptor que activa la memoria

No hace falta decir que no se puede recordar algo con solo mirarlo, pues el cerebro no está preparado para aprender de esa forma. Prepararse consiste en centrarse en lo que quieres aprender. Por tanto, no memorizarás aquello en lo que no tengas ningún interés. Algunos ejemplos típicos son cuando se nos olvida dónde hemos dejado el móvil o las llaves, o cuando no somos capaces de recordar el contenido de un libro de texto que solo hemos leído por encima. En resumen, para recordar, el cerebro debe encontrarse en un estado que facilite el aprendizaje.

En otras palabras, el «interruptor de la memoria» debe estar encendido.

En este libro aprenderemos a activar el interruptor de la memoria. Como ya he mencionado, este método consiste en provocar una reacción en el cerebro. Si esta se produce, el interruptor de la memoria se encenderá al recibir una información. Entonces, ¿qué resulta impactante para el cerebro de un adulto?

La respuesta es la inspiración. En concreto, la sensación que produce descubrir algo nuevo. Este concepto aparece muy a menudo en los cómics: la bombilla que brilla sobre la cabeza de un personaje cuando tiene una idea. Esta inspiración que nos provoca entender o descubrir algo tiene un gran impacto en el cerebro y hace que la información se nos quede grabada. Por eso, cuando un adulto aprende algo nuevo es importante que sienta que está descubriendo algo nuevo.

Mejora la memoria al pulir el sensor que produce la inspiración

Descubrir algo de repente es una tarea difícil, pues para ello es necesaria la consciencia. En este libro llamaremos a esta consciencia «el sensor de la inspiración». Si observamos las cosas a través de dicho sensor, experimentaremos una sensación de descubrimiento.

Existen cinco sensores de inspiración. Cuando se ponen en marcha, el interruptor de la memoria se activa y la concentración aumenta de forma natural.

En ese momento nos inspiraremos y encontraremos algo nuevo incluso en aquella información que ojeemos vagamente y donde hasta ahora no habíamos descubierto nada. **Esto provocará una reacción en el cerebro y retendremos la información que queremos recordar.**

1. SENSOR DE DETECCIÓN: **El cerebro recuerda el placer de descubrir algo nuevo.**

2. SENSOR DE CLASIFICACIÓN: **El cerebro comprime toda aquella información que tiene elementos en común y aumenta la capacidad de almacenamiento.**

3. SENSOR DE COTEJO: **El cerebro utiliza información que ya conoces para que el proceso de memorización sea más eficiente. Deja que el cerebro memorice sin desperdiciar un ápice de información.**

4. SENSOR DE IMAGEN: **La fuerza de las imágenes ayuda al cerebro a mostrar la memoria oculta por completo.**

5. SENSOR DE RELACIÓN: **El cerebro recupera la información que está conectada siempre que sea necesario.**

Tres efectos sorprendentes que se producen al resolver los ejercicios

Hemos preparado unos ejercicios originales para activar los cinco sensores de la inspiración. A medida que los resuelvas, estos sensores se pondrán en marcha de forma automática. Una vez activados, podrás utilizarlos cuando trabajes, estudies o durante cualquier otra tarea cotidiana.

1. RECORDAR DE MANERA EFICIENTE

2. RECORDAR DURANTE MUCHO TIEMPO

3. RECORDAR CON FACILIDAD

Pronto empezarás a notar estos tres efectos.

Todo el mundo tiene buena memoria, pero, en muchos casos, no somos capaces de emplear la capacidad total del cerebro porque no sabemos cómo hacerlo.

Usa los ejercicios para activar los sensores de la inspiración y mejorar tu capacidad de memorización de manera drástica. Además, este libro también presenta una serie de técnicas para desarrollar la memoria en tu vida diaria, que serán más efectivas si las pones en práctica junto con los ejercicios ya mencionados.

Un consejo para mejorar la memoria: concéntrate y resuelve los ejercicios conscientemente

El objetivo de este libro no es solo enseñar técnicas para mejorar la memoria, sino también hacer que seas capaz de memorizar mientras te diviertes. Así que no te desanimes si no lo haces bien a la primera.

Es cierto que no hay nada mejor que la perfección, pero, en lugar de tratar de alcanzarla, concéntrate en resolver los ejercicios. No hay límite de tiempo, por tanto, si estás cansado, para mantenerte concentrado es buena idea revisar las respuestas o calcular el tiempo que tardas en conseguir la respuesta correcta. Realiza los ejercicios de manera relajada, pero no te desconcentres.

Hay un total de sesenta ejercicios, doce en cada capítulo.

Puedes empezar por el principio o por el capítulo que más te interese. En ambos casos, es recomendable que sigas estas indicaciones siempre: mediante un simple cálculo, te llevará aproximadamente un mes completar el libro si realizas dos ejercicios diarios; dos semanas si son cuatro al día y una semana si prefieres poner en práctica diez de ellos. Puedes llevarlos a cabo en cualquier momento del día, pero es recomendable que lo hagas durante esas horas en las que tu cerebro esté más activo, es decir, desde que te levantas hasta las 10 de la mañana o desde las 4 de la tarde hasta las 7. En cualquier caso, no olvides que lo importante en que te diviertas.

Para mejorar los efectos

Concéntrate y resuelve los ejercicios mientras te diviertes

Resuelve cada capítulo

Si no resuelves los ejercicios, no te preocupes

Muchas personas han comenzado a notar los efectos.

Experiencias de personas que han probado el método Ikeda

1 Opinión

Mi memoria ha mejorado poco a poco

(Mujer — 44 años)

A medida que hacía los ejercicios, notaba cómo mi memoria mejoraba. Algunos ejercicios los he resuelto de inmediato, mientras que otros me han resultado más difíciles. Lo he pasado bien mientras trabajaba en ellos.

2 Opinión

Mi estrés se ha reducido

(Hombre — 52 años)

A mi edad, ya no podía concentrarme durante mucho tiempo, pero, gracias a los ejercicios, empecé a notar que, incluso aunque fuera tarde, no me sentía estresado. Noto que el tiempo pasa más rápido y que me concentro durante más tiempo.

3 Opinión

Mi memoria y concentración han mejorado

(Hombre — 53 años)

He notado que mi memoria y mi concentración han aumentado a la vez. Me ha gustado que no hubiera límite de tiempo; me he sentido cómodo. Por las mañanas, empezaba el día con un café mientras resolvía los ejercicios con la mente fresca.

*Los efectos de los ejercicios difieren de persona a persona.

Me alegra refrescar la mente

(Mujer — 91 años)

Hasta ahora, para evitar el envejecimiento cerebral hacía cálculos, escribía y leía en voz alta. Estoy muy contenta con estos ejercicios porque entrenas la mente mientras lo pasas bien, incluso si no puedes resolverlos de inmediato.

Son muy relajantes

(Hombre — 53 años)

No solo sentí cómo me activaba la mente, sino que también noté cómo el corazón se me calmaba. Sonreía de forma involuntaria por la sensación. Pensar que con estos ejercicios fortalecerás la memoria motiva a cualquiera.

Cuanto más lo hagas, mejor

(Mujer — 46 años)

Sin darme cuenta había resuelto doce ejercicios seguidos y, a medida que los hacía, mi concentración aumentaba. Estoy contenta porque cada vez los resolvía más rápido. Cuando sabes la respuesta a la primera, experimentas una sensación increíble.

Otras opiniones

- Al resolver los ejercicios, sentía que ejercitaba el cerebro. El efecto cambia según el tipo de ejercicio que se realice. (Mujer - 57 años)
- Hacía mucho tiempo que no estaba tan emocionada. ¡Quiero resolver más ejercicios! (Mujer - 64 años)

Ejercicios para el sensor de detección

Test para poner a prueba el sensor de detección

¿Cuántos triángulos hay en la figura de abajo? Una vez los hayas contado, comprueba tu respuesta en la página siguiente.

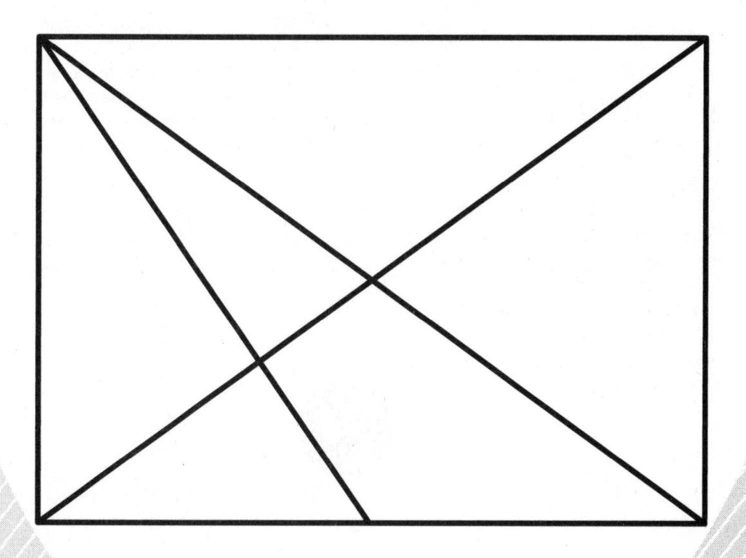

Respuesta del test para poner a prueba el sensor de detección

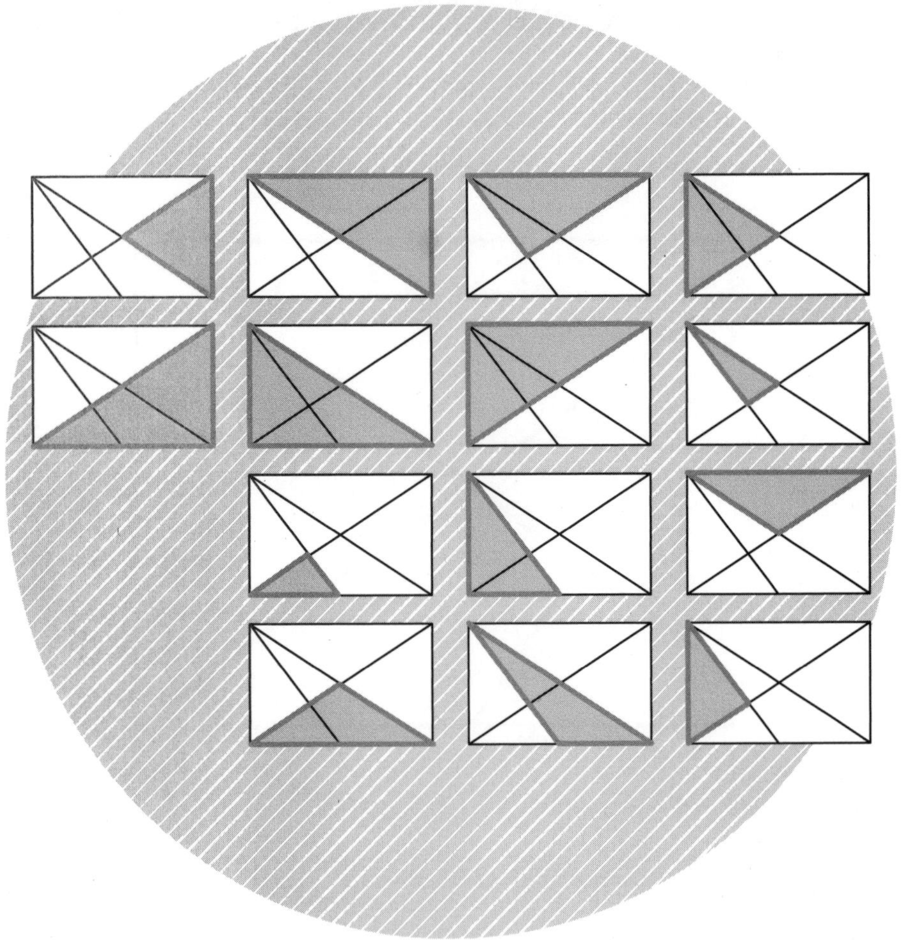

¿Qué tal te ha ido? ¿Los has encontrado?

La clave es que encuentres los que están ocultos.

Si no los has encontrado, ¿has tenido alguna experiencia en tu vida diaria en que te has propuesto recordar algo, pero no has sido capaz?

Ser consciente a la hora de encontrar algo oculto es un factor muy importante para que el cerebro lo recuerde. En este libro, nos referiremos a esta consciencia como «sensor de detección». En primer lugar, te explicaré con detalle cómo funciona.

Gracias al sensor de detección ya no dirás: «No lo recuerdo, aunque lo vea muchas veces»

Tal y como se menciona en el prólogo, nuestra memoria mejora cuando el cerebro reacciona ante un cambio emocional.

Las emociones nacen en la amígdala, que se encuentra junto al hipocampo, la parte del cerebro que controla la memoria. En otras palabras, cuando las emociones aparecen, la amígdala reacciona y estimula el hipocampo, lo que abre la puerta de la memoria. Un ejemplo de esto son los recuerdos, pues no son algo que hayas memorizado. Cuando experimentamos alegría o tristeza, o cuando nuestros sentimientos cambian, ese momento se queda grabado en nuestra mente. En realidad, podemos cambiar nuestros sentimientos rápidamente con un «aviso»: esa sensación de sorpresa que sentimos cuando algo resulta impactante para nuestro cerebro.

Por ejemplo, observemos la siguiente imagen. Nos encontramos ante la famosa obra «Rubin's Pot». Si observamos la parte blanca, veremos un jarrón. En cambio, si nos fijamos en la parte negra, aparecerán dos caras enfrentadas.

Cuando te percatas de esto, no puedes hacer que tu cerebro lo vuelva a ver de la misma forma que la primera vez. Cuando miras de nuevo esta foto, solo ves la dos caras. Este sentimiento de descubrimiento provoca un gran placer en el cerebro. Sin embargo, en el trabajo y el estudio no todo está oculto intencionadamente. Aun así, si tu sensor de detección está activado, harás descubrimientos que mejorarán tu memoria.

A continuación, utilizaremos el sensor de detección para encontrar palabras y figuras ocultas.

Ejercicios para activar el sensor de detección

1 Busca la diferencia

Entre estas cien figuras hay una distinta. Encuéntrala lo antes posible.

Ejemplo Solo hay una figura diferente escondida, encuéntrala lo más rápido posible.

米 米 米 米 米 米 米 米 米 米
米 米 米 米 米 米 米 米 米 米
米 米 米 米 米 米 米 米 米 米
米 米 米 米 米 米 米 米 米 米
米 米 米 米 米 米 米 米 米 米
米 米 米 米 米 米 米 米 米 米
米 米 米 米 米 米 米 米 米 米
米 米 米 米 米 米 米 米 米 米
米 来 米 米 米 米 米 米 米 米
米 米 米 米 米 米 米 米 米 米

米 米 米 米 米 米 米 米 米 米
米 米 米 米 米 米 米 米 米 米
米 米 米 米 米 米 米 米 米 米
米 米 米 米 米 米 米 米 米 米
米 米 米 米 米 米 米 米 米 米
米 米 米 米 米 米 米 米 米 米
米 米 米 米 米 米 米 米 米 米
米 米 米 米 米 米 米 米 米 米
米 (来) 米 米 米 米 米 米 米 米
米 米 米 米 米 米 米 米 米 米

Ejercicios para activar el sensor de detección

2 Busca los números ocultos

En esta tabla hay diez series de números (del 1 al 5) escondidos. Encuéntralas lo antes posible.

Ejemplo Las encontrarás tanto de arriba abajo como de izquierda a derecha.

1	5	1	2	3	4	2	4	3	1	1
4	1	2	3	1	2	3	4	5	2	2
1	2	3	4	5	3	4	5	1	3	4
2	3	4	2	1	2	1	2	3	4	1
3	4	5	1	2	1	2	3	4	5	2
1	3	1	2	3	4	3	4	3	4	3
2	1	2	3	4	1	4	5	1	2	4
3	4	5	4	2	3	5	1	2	3	5
1	2	3	5	1	2	1	2	3	4	5
5	3	1	2	3	4	5	1	2	3	2

1	5	1	2	3	4	2	4	3	1	1
4	1	2	3	1	2	3	4	5	2	2
1	2	3	4	5	3	4	5	1	3	4
2	3	4	2	1	2	1	2	3	4	1
3	4	5	1	2	1	2	3	4	5	2
1	3	1	2	3	4	3	4	3	4	3
2	1	2	3	4	1	4	5	1	2	4
3	4	5	4	2	3	5	1	2	3	5
1	2	3	5	1	2	1	2	3	4	5
5	3	1	2	3	4	5	1	2	3	2

Solo hay una figura diferente escondida, encuéntrala lo más rápido posible.

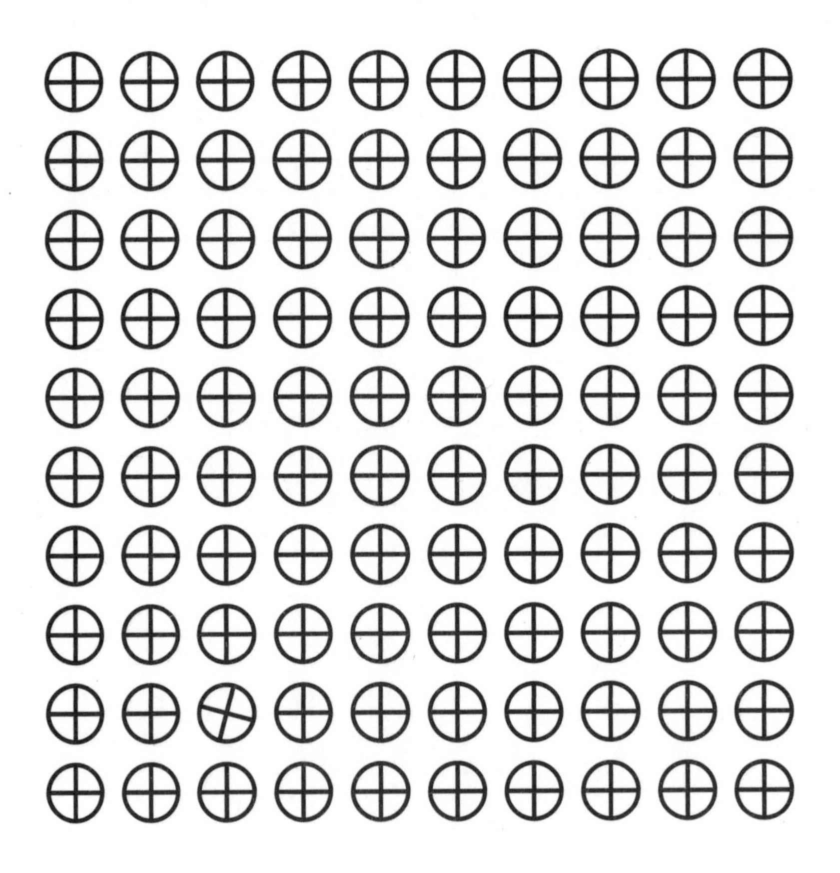

Solo hay una figura diferente escondida, encuéntrala lo más rápido posible.

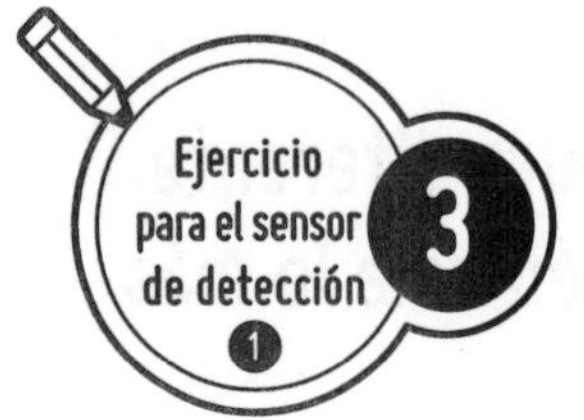

Solo hay una figura diferente escondida, encuéntrala lo más rápido posible.

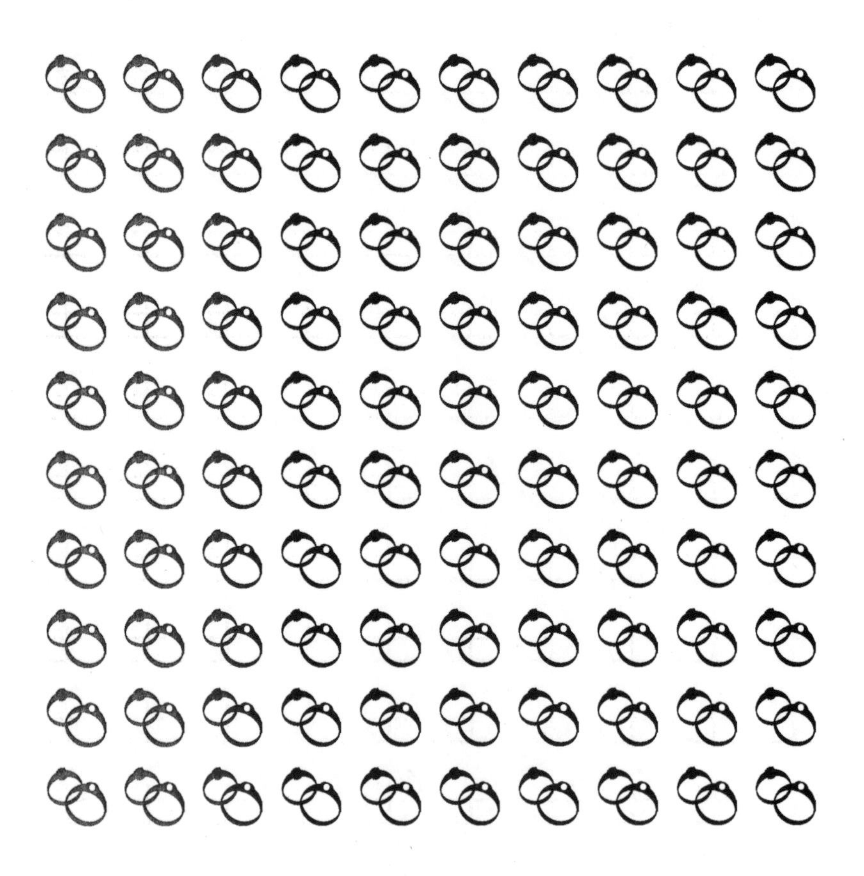

Solo hay una figura diferente escondida, encuéntrala lo más rápido posible.

土 土 土 土 土 土 土 土 土 土

土 土 土 土 土 土 土 土 土 土

土 土 土 土 土 土 土 土 土 土

土 土 土 土 土 土 土 土 土 土

土 土 土 土 土 土 土 土 土 土

土 土 土 土 土 土 土 土 土 土

土 土 土 土 土 土 土 土 土 土

土 土 土 土 土 土 土 土 土 土

土 土 土 土 上 土 土 土 土 土

土 土 土 土 土 土 土 土 土 土

Solo hay una figura diferente escondida, encuéntrala lo más rápido posible.

裁 裁 裁 裁 裁 裁 裁 裁 裁 裁

裁 裁 裁 裁 裁 裁 裁 裁 栽 裁

裁 裁 裁 裁 裁 裁 裁 裁 裁 裁

裁 裁 裁 裁 裁 裁 裁 裁 裁 裁

裁 裁 裁 裁 裁 裁 裁 裁 裁 裁

裁 裁 裁 裁 裁 裁 裁 裁 裁 裁

裁 裁 裁 裁 裁 裁 裁 裁 裁 裁

裁 裁 裁 裁 裁 裁 裁 裁 裁 裁

裁 裁 裁 裁 裁 裁 裁 裁 裁 裁

裁 裁 裁 裁 裁 裁 裁 裁 裁 裁

Solo hay una figura diferente escondida, encuéntrala lo más rápido posible.

縁 縁 縁 縁 縁 縁 縁 縁 縁 縁

縁 縁 縁 縁 縁 縁 縁 縁 縁 縁

縁 縁 緑 縁 縁 縁 縁 縁 縁 縁

縁 縁 縁 縁 縁 縁 縁 縁 縁 縁

縁 縁 縁 縁 縁 縁 縁 縁 縁 縁

縁 縁 縁 縁 縁 縁 縁 縁 縁 縁

縁 縁 縁 縁 縁 縁 縁 縁 縁 縁

縁 縁 縁 縁 縁 縁 縁 縁 縁 縁

縁 縁 縁 縁 縁 縁 縁 縁 縁 縁

縁 縁 縁 縁 縁 縁 縁 縁 縁 縁

En esta tabla hay 10 figuras como esta [ ] escondidas. Encuéntralas.

En esta tabla hay 10 figuras como esta [▟] escondidas. Encuéntralas.

En esta tabla hay 10 series de flechas en este sentido "↓ → ↓ ←". Encuéntralas. El sentido de lectura es de arriba abajo o de izquierda a derecha.

↑	→	↓	→	↑	↓	→	↑	←	↑	↑
→	↓	↑	→	↓	←	↓	→	→	→	→
↓	↑	→	↑	→	↓	→	↓	↓	↓	↓
↑	→	↓	→	↑	→	↓	↑	←	←	↑
→	↓	↑	↓	→	↓	←	↑	→	↓	←
↓	←	↑	←	↓	→	↓	←	→	↓	↑
↑	↑	→	↓	→	↑	→	↓	←	↑	→
→	↑	→	↓	←	↑	→	←	↓	→	↓
↓	→	↓	←	↑	←	→	↓	←	↓	↑
←	→	↓	←	↑	→	↓	←	↓	←	↓

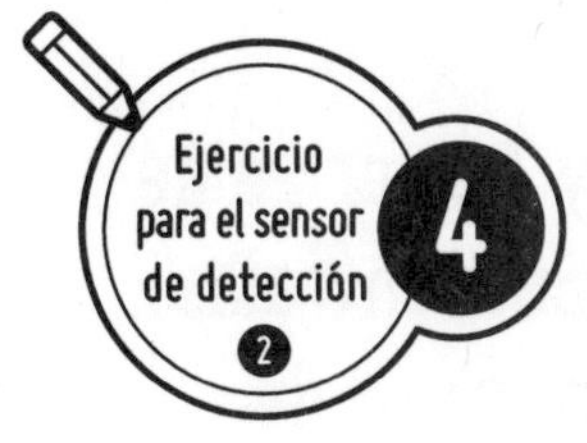

Encuentra 10 cuadrados de 2x2 con las figuras de naipes (♠♥♦♣). El orden de las figuras es aleatorio.

♦	♥	♣	♥	♠	♥	♦	♥	♠	♦	♠
♥	♠	♦	♣	♣	♦	♦	♠	♥	♠	♣
♣	♥	♠	♠	♥	♦	♥	♦	♠	♦	♥
♦	♥	♥	♦	♦	♣	♣	♠	♦	♠	♦
♠	♣	♠	♥	♥	♣	♦	♦	♥	♠	♣
♥	♠	♦	♦	♠	♦	♣	♥	♦	♣	♠
♣	♥	♦	♣	♠	♦	♠	♣	♠	♦	♠
♦	♥	♣	♦	♣	♠	♣	♣	♦	♣	♠
♥	♦	♣	♠	♦	♥	♥	♥	♠	♦	♣
♠	♠	♥	♣	♠	♦	♦	♥	♠	♣	♥

En esta tabla hay 10 series de "10, J, Q, K, A". Encuéntralas. El sentido de lectura es de arriba abajo o de izquierda a derecha.

10	J	Q	J	K	A	10	J	Q	10	A
J	Q	10	J	Q	K	A	10	K	J	10
Q	K	J	10	J	Q	10	J	A	Q	J
10	J	Q	K	A	K	10	J	Q	K	A
A	Q	K	10	J	Q	J	Q	J	A	Q
10	10	A	K	10	J	Q	K	10	J	K
J	J	Q	10	J	Q	K	A	J	10	A
Q	Q	K	J	Q	K	A	10	Q	K	10
K	10	J	Q	K	A	10	J	Q	A	Q
A	10	J	K	A	10	J	Q	K	A	K

En esta tabla hay 10 series de figuras [ ]. Encuéntralas. El sentido de lectura es de arriba abajo o de izquierda a derecha.

Fortalece la memoria en tu día a día

Cómo entrenar el sensor de detección para recordar palabras

Seguro que alguna vez en clase de historia has memorizado los años de un acontecimiento importante a través de un juego de palabras. Es difícil recordar números debido a que no tienen ningún significado por sí mismos. Cuando les damos un significado a través de un juego de palabras, el cerebro reacciona. Por tanto, podemos decir que estos juegos de palabras son un mecanismo útil para la memoria. **Son un buen entrenamiento para el sensor de detección, especialmente a la hora de aprender extranjerismos.**

SOLUCIONES

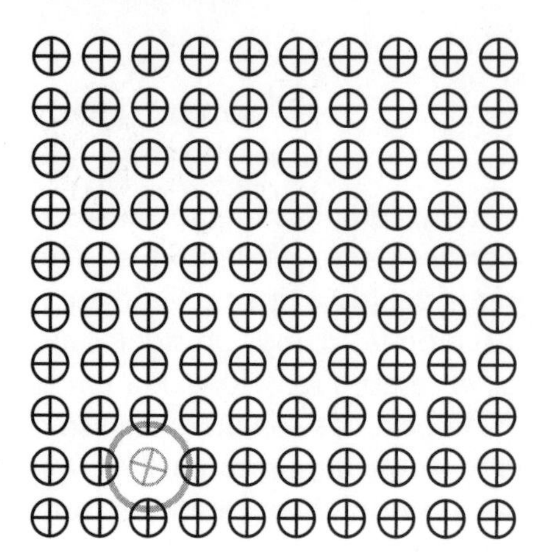

Ejercicio
para el sensor
de detección
1
1

Ejercicio
para el sensor
de detección
1
2

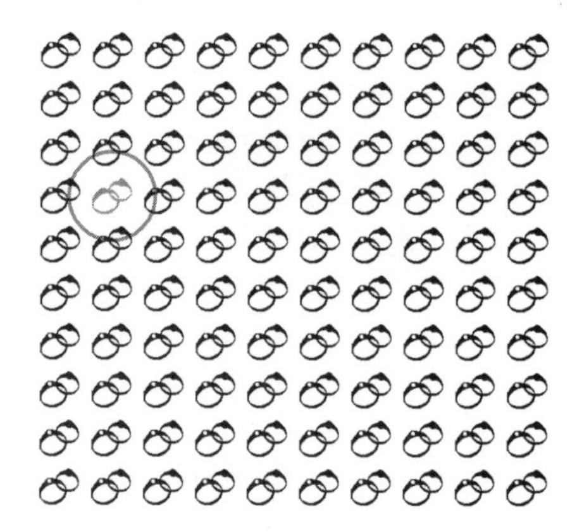

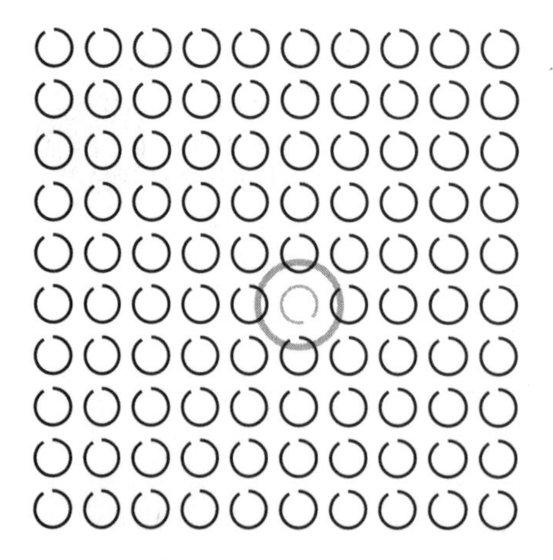

Ejercicio
para el sensor
de detección
1
3

土 土 土 土 土 土 土 土 土 土
土 土 土 土 土 土 土 土 土 土
土 土 土 土 土 土 土 土 土 土
土 土 土 土 土 土 土 土 土 土
土 土 土 土 土 土 土 土 土 土
土 土 土 土 土 土 土 土 土 土
土 土 土 土 土 土 土 土 土 土
土 土 土 土 土 土 土 土 土 土
土 土 土 土 上 土 土 土 土 土
土 土 土 土 土 土 土 土 土 土

縁 縁 縁 縁 縁 縁 縁 縁 縁 縁
縁 縁 縁 縁 縁 縁 縁 縁 縁 縁
縁 縁 緑 縁 縁 縁 縁 縁 縁 縁
縁 縁 縁 縁 縁 縁 縁 縁 縁 縁
縁 縁 縁 縁 縁 縁 縁 縁 縁 縁
縁 縁 縁 縁 縁 縁 縁 縁 縁 縁
縁 縁 縁 縁 縁 縁 縁 縁 縁 縁
縁 縁 縁 縁 縁 縁 縁 縁 縁 縁
縁 縁 縁 縁 縁 縁 縁 縁 縁 縁
縁 縁 縁 縁 縁 縁 縁 縁 縁 縁

裁 裁 裁 裁 裁 裁 裁 裁 裁 裁
裁 裁 裁 裁 裁 裁 裁 裁 栽 裁
裁 裁 裁 裁 裁 裁 裁 裁 裁 裁
裁 裁 裁 裁 裁 裁 裁 裁 裁 裁
裁 裁 裁 裁 裁 裁 裁 裁 裁 裁
裁 裁 裁 裁 裁 裁 裁 裁 裁 裁
裁 裁 裁 裁 裁 裁 裁 裁 裁 裁
裁 裁 裁 裁 裁 裁 裁 裁 裁 裁
裁 裁 裁 裁 裁 裁 裁 裁 裁 裁
裁 裁 裁 裁 裁 裁 裁 裁 裁 裁

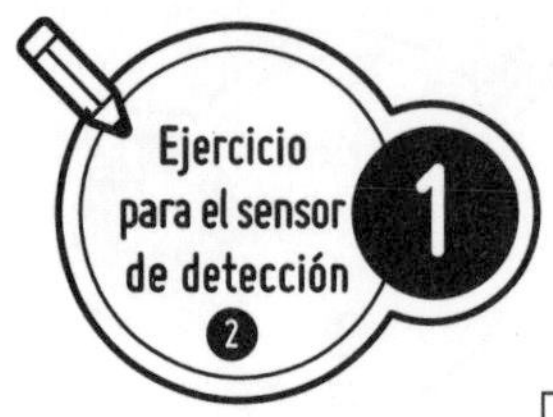
Ejercicio para el sensor de detección
2
1

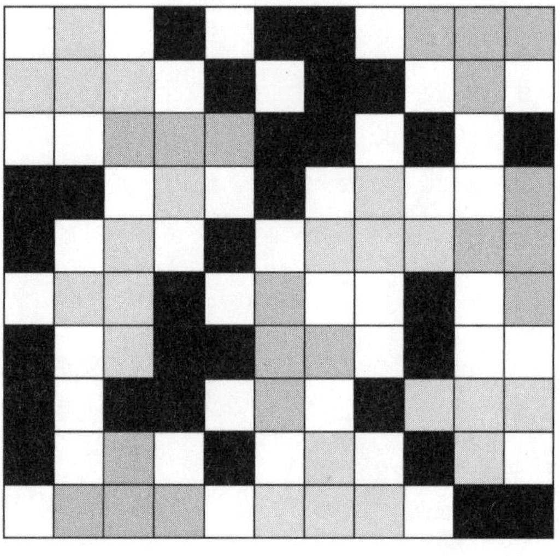

Ejercicio para el sensor de detección
2
2

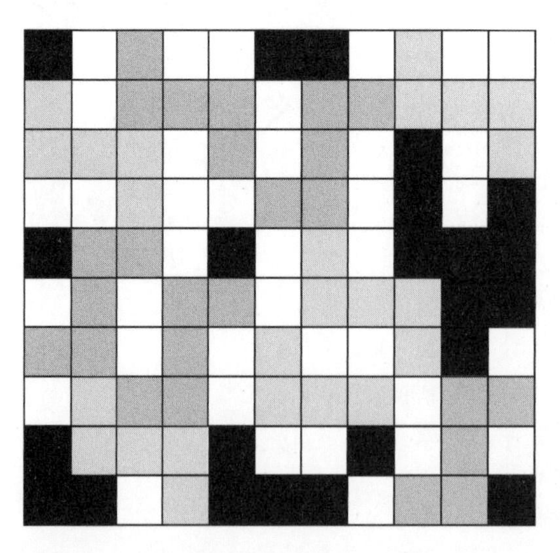

Ejercicio para el sensor de detección 2 — 3

↑	→	↓	→	↑	↓	→	↑	←	↑	↑
→	↓	↑	→	↓	←	↓	→	→	→	→
↓	↑	→	↑	→	↓	→	↓	↓	↓	↓
↑	→	↓	→	↑	→	↓	↑	←	←	↑
→	↓	↑	↓	→	↓	←	↑	→	↓	←
↓	←	↑	←	↓	→	↓	←	→	↓	↑
↑	↑	→	↓	→	↑	→	↓	←	↑	→
→	↑	→	↓	←	↑	→	←	↓	→	↓
↓	→	↓	←	↑	←	→	↓	←	↓	↑
←	→	↓	←	↑	→	↓	←	↓	←	↓

Ejercicio para el sensor de detección 2 — 4

♦	♥	♣	♥	♠	♥	♦	♥	♠	♦	♠
♥	♠	♦	♣	♣	♦	♦	♠	♥	♠	♣
♣	♥	♠	♠	♥	♦	♥	♦	♠	♦	♥
♦	♥	♥	♦	♦	♣	♣	♠	♦	♠	♦
♠	♣	♠	♥	♥	♣	♦	♦	♥	♠	♣
♥	♠	♦	♦	♠	♦	♣	♥	♦	♣	♠
♣	♥	♦	♣	♠	♦	♠	♣	♠	♦	♠
♦	♥	♣	♦	♣	♠	♣	♣	♦	♣	♠
♥	♦	♣	♠	♦	♥	♥	♥	♠	♦	♣
♠	♠	♥	♣	♠	♦	♦	♥	♠	♣	♥

10	J	Q	J	K	A	10	J	Q	10	A
J	Q	10	J	Q	K	A	10	K	J	10
Q	K	J	10	J	Q	10	J	A	Q	J
10	J	Q	K	A	K	10	J	Q	K	A
A	Q	K	10	J	Q	J	Q	J	A	Q
10	10	A	K	10	J	Q	K	10	J	K
J	J	Q	10	J	Q	K	A	J	10	A
Q	Q	K	J	Q	K	A	10	Q	K	10
K	10	J	Q	K	A	10	J	Q	A	Q
A	10	J	K	A	10	J	Q	K	A	K

Ejercicios para el sensor de clasificación

Test para poner a prueba el sensor de clasificación

¿Qué tiene el grupo A que no tiene el grupo B?

Columna A	Columna B
Einstein	Edison
Ned Flanders	Homer Simpson
Natsume Soseki	Ryunosuke Akutagawa
Gato	Oveja

Respuesta:
bigote

Test para poner a prueba el sensor de clasificación

¿Has encontrado qué tienen en común? Si no ha sido así, tal vez se debe a que no se te da bien clasificar información. La clave para encontrar algo en común es fijarse primero en lo que «está» antes de pensar en lo que «no está».

Ser conscientes de los elementos en común entre unas cosas y otras reduce la cantidad de información que debemos aprender, incluso si hay mucha.

Si la cantidad de información se reduce, naturalmente es más fácil asimilarla. En este punto nos referiremos a la consciencia de encontrar puntos en común como «sensor de clasificación».

En la siguiente página hablaremos sobre este.

Con el sensor de clasificación ya no dirás: «No lo recuerdo»

Las personas que confían en su memoria tienden a buscar puntos en común cuando ven varios elementos al mismo tiempo.

Cuando analizas diez datos, si no haces nada al respecto, la cantidad de información que recibirás será la misma. Sin embargo, si clasificamos esta información y estableces tres puntos en común, la cantidad de información se reducirá a tres datos. Si nuestra mente prioriza estos 3 puntos en común, a partir de ellos extraeremos los diez datos.

La memoria tiene una propiedad llamada «número mágico». La cantidad de datos que una persona puede memorizar en un periodo corto de tiempo está más o menos determinada, y este número es aproximadamente siete. Aunque, en estudios más recientes, se ha dicho que podría ser alrededor de cuatro.

En otras palabras, si comprimimos la información, memorizaremos una mayor cantidad de datos.

Asimismo, a la hora de clasificar los puntos en común entre elementos, debes asignarles un encabezamiento. Por ejemplo, un grupo formado por «humanos, gorilas, chimpancés y orangutanes» se encontraría bajo el título de «simios», una etiqueta que te ayudará a recordar información.

No encontrarás lo que buscas si todo está en el mismo grupo, pero si clasificas cada elemento correctamente, lo localizarás de inmediato. **De la misma manera, si categorizas las cosas mientras las aprendes, las memorizarás al instante.**

Activaremos el sensor de clasificación con los siguientes ejercicios.

Ejercicios para el sensor de clasificación

1 Establece una relación

Entre estas cinco palabras, cuatro tienen algo en común y una no. Encuentra qué palabra es la intrusa.

Ejemplo

Avispa	Rueca	Martillo	Alfiler	Inyección

¿Qué tienen en común?	¿Palabra intrusa?

¿Qué tienen en común?	¿Palabra intrusa?
PINCHAN	MARTILLO

2 Asocia los términos para llegar al objetivo

Empieza por las palabras de la izquierda y asócialas con las de la derecha. Es decir: ○ está relacionada con Δ, Δ está relacionada con □; estableciendo conexiones, llegarás a la palabra de la derecha. Puedes emplear adjetivos. Si crees que están conectadas, no estarás equivocado. No pasa nada si la relación parece algo forzada. Es difícil encontrar la palabra adecuada antes de alcanzar la meta, por eso es importante pensar hacia atrás, desde el último término hacia el primero.

Ejemplo Asocia y conecta la palabra de la izquierda con la de la derecha.

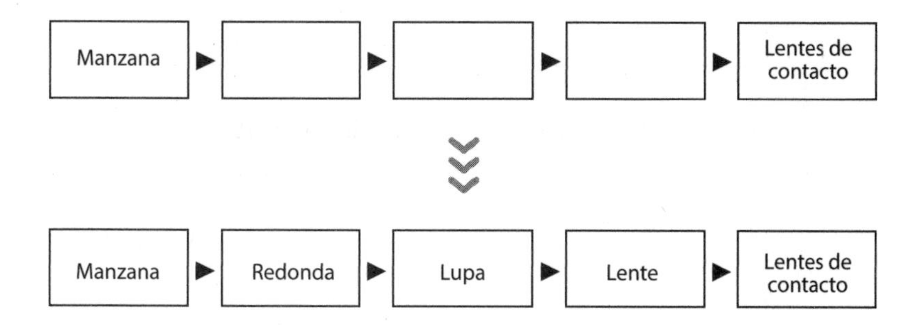

Entre estos cinco elementos, cuatro están relacionados. Encuentra el intruso.

						¿Qué tienen en común?	¿Cuál es el intruso?
1	Manzana	Fresa	Vino tinto	Pimiento rojo	Pepino	¿Qué tienen en común?	¿Cuál es el intruso?
2	Azúcar	Pastel	Miel	Ciruela seca	Dulces	¿Qué tienen en común?	¿Cuál es el intruso?
3	Pelota	Tierra	Postal	Sandía	Dónut	¿Qué tienen en común?	¿Cuál es el intruso?
4	Pesas	Plumas	Elefante	Luchador de sumo	Bola de acero	¿Qué tienen en común?	¿Cuál es el intruso?
5	Agua caliente	Hielo	Compresa fría	Tofu frío	Café con hielo	¿Qué tienen en común?	¿Cuál es el intruso?
6	Víbora	Avispa	Trueno	Bomba	Bebé	¿Qué tienen en común?	¿Cuál es el intruso?
7	Sol	Estrella	Diamante	Fondo del mar	Superficie del agua	¿Qué tienen en común?	¿Cuál es el intruso?
8	Aire	Molécula	Virus	Olor	Mano	¿Qué tienen en común?	¿Cuál es el intruso?
9	Monólogos de humor	Manga	Guerra	Cuento	Cómic	¿Qué tienen en común?	¿Cuál es el intruso?
10	Algodón de azúcar	Nubes	Diente de león	Malva-visco	Huevo cocido	¿Qué tienen en común?	¿Cuál es el intruso?

Entre estos cinco elementos, cuatro están relacionados. Encuentra el intruso.

1	Carbón	Alga	Leche	Neumá-tico	Ropa de luto	¿Qué tienen en común?	¿Cuál es el intruso?
2	Limón	Ciruela seca	Vinagre	Hojaldre de crema	Adobo	¿Qué tienen en común?	¿Cuál es el intruso?
3	Tofu	Dados	Libro	Pirámide	Tabla de cortar	¿Qué tienen en común?	¿Cuál es el intruso?
4	Pañuelos	Piedra pómez	Globo	Pompas de jabón	Pesas	¿Qué tienen en común?	¿Cuál es el intruso?
5	Agua caliente	Agua del grifo	Ramen	Olla caliente	Llamas	¿Qué tienen en común?	¿Cuál es el intruso?
6	América	Algeria	Alemania	Canadá	Argentina	¿Qué tienen en común?	¿Cuál es el intruso?
7	Hierro	Diamante	Teja	Arcilla	Hueso	¿Qué tienen en común?	¿Cuál es el intruso?
8	Mangue-ra	Serpiente	Tende-dero	Lupa	Espárra-gos	¿Qué tienen en común?	¿Cuál es el intruso?
9	Avión	Tortuga	Cuervo	Helicóp-tero	Mariposa	¿Qué tienen en común?	¿Cuál es el intruso?
10	Helado	Aire acondi-cionado	Hojas secas	Sandía	Fuegos	¿Qué tienen en común?	¿Cuál es el intruso?

Entre estos cinco elementos, cuatro están relacionados. Encuentra el intruso.

						¿Qué tienen en común?	¿Cuál es el intruso?
1	Azúcar	Sal	Nieve	Pintalabios	Vendaje	¿Qué tienen en común?	¿Cuál es el intruso?
2	Guindilla	Wasabi	Sandía	Pimienta	Kimchi	¿Qué tienen en común?	¿Cuál es el intruso?
3	Anillo	Dónut	Flotador	Volante	Barra de pan	¿Qué tienen en común?	¿Cuál es el intruso?
4	Ejercicio	Nutrición	Dormir	Sal	Verduras	¿Qué tienen en común?	¿Cuál es el intruso?
5	Béisbol	Esgrima	Básquet	Golf	Tenis	¿Qué tienen en común?	¿Cuál es el intruso?
6	Agua	Vaso	Botella de plástico	Cortina	Aire	¿Qué tienen en común?	¿Cuál es el intruso?
7	Goma	Piedra	Globo	Trampolín	Piel	¿Qué tienen en común?	¿Cuál es el intruso?
8	Fantasma	Montaña rusa	Guerra	Pesadilla	Mascota	¿Qué tienen en común?	¿Cuál es el intruso?
9	Gasolina	Agua de mar	Pañuelos	Cerillas	Palillos	¿Qué tienen en común?	¿Cuál es el intruso?
10	Revista	Bola de arroz	Almuerzo	Caballo	Ramen	¿Qué tienen en común?	¿Cuál es el intruso?

Entre estos cinco elementos, cuatro están relacionados. Encuentra el intruso.

1	Girasol	Mostaza	Césped	Plátano	Limón	¿Qué tienen en común?	¿Cuál es el intruso?
2	Calabacín amargo	Pudin	Cerveza	Pimiento verde	Café	¿Qué tienen en común?	¿Cuál es el intruso?
3	Caracol	Coche de carreras	Avión	Luz	Tren	¿Qué tienen en común?	¿Cuál es el intruso?
4	Esquiar	Patinar	Botas de fútbol	Hielo	Cáscaras de plátano	¿Qué tienen en común?	¿Palabra intrusa?
5	Piano	Casco	Violín	Oboe	Tambor	¿Qué tienen en común?	¿Cuál es el intruso?
6	Pescado seco	Pedo	Chinche apestosa	Gas	Jabón	¿Qué tienen en común?	¿Cuál es el intruso?
7	Rosa	Tulipán	Flor de cerezo	Zafiro	Crisantemo	¿Qué tienen en común?	¿Cuál es el intruso?
8	Terrazas de bares	Año nuevo	Bufanda	Estufa	Esquiar	¿Qué tienen en común?	¿Cuál es el intruso?
9	Japón	China	Suecia	Indonesia	Filipinas	¿Qué tienen en común?	¿Cuál es el intruso?
10	Hielo	Chocolate	Oro	Queso	Carbón	¿Qué tienen en común?	¿Cuál es el intruso?

Entre estos cinco elementos, cuatro están relacionados. Encuentra el intruso.

						¿Qué tienen en común?	¿Cuál es el intruso?
1	Palé	Botella de plástico	Viga de madera	Cómoda	Tambor	¿Qué tienen en común?	¿Cuál es el intruso?
2	Perfume	Champú	Flor	Vino	Amonia-co	¿Qué tienen en común?	¿Cuál es el intruso?
3	Bate	Mazo	Dados	Barra	Batuta	¿Qué tienen en común?	¿Cuál es el intruso?
4	Descan-sar	Mar	Lago	Pantano	Sopa	¿Qué tienen en común?	¿Cuál es el intruso?
5	Pizarra	Estación	Escritorio	Gimnasio	Piscina	¿Qué tienen en común?	¿Cuál es el intruso?
6	Tierra	Peonza	Tocadis-cos	Carrusel	Torre	¿Qué tienen en común?	¿Cuál es el intruso?
7	Camión	Imagen	Corazón	Goma	Super-man	¿Qué tienen en común?	¿Cuál es el intruso?
8	Besugo	Jurel	Caballo	Vieiras	Bonito	¿Qué tienen en común?	¿Cuál es el intruso?
9	Trump	Chirac	Johnson	Bush	Kennedy	¿Qué tienen en común?	¿Cuál es el intruso?
10	Arroz	Pan	Pasta	Udon	Tofu	¿Qué tienen en común?	¿Cuál es el intruso?

Entre estos cinco elementos, cuatro están relacionados. Encuentra el intruso.

						¿Qué tienen en común?	¿Cuál es el intruso?
1	Tinta	Aceite de oliva	Terrones de azúcar	Vinagre	Agua	¿Qué tienen en común?	¿Cuál es el intruso?
2	Cinturón	Cuerda de saltar	Corbata	Lazo para el pelo	Cinturón de seguridad	¿Qué tienen en común?	¿Cuál es el intruso?
3	Alfombra	Sello	Pegatina	Parche	Póster	¿Qué tienen en común?	¿Cuál es el intruso?
4	Erizo	Rosa	Cactus	Pez dorado	Pez globo	¿Qué tienen en común?	¿Cuál es el intruso?
5	Caviar	Joyas	Coche de lujo	Brote de soja	Casa	¿Qué tienen en común?	¿Cuál es el intruso?
6	Bate	Barra	Gafas de sol	Volante	Raqueta	¿Qué tienen en común?	¿Cuál es el intruso?
7	Tomate	Naranja	Zanahoria	Uva	Seta	¿Qué tienen en común?	¿Cuál es el intruso?
8	Lápiz	Portaminas	Bolígrafo	Cúter	Pincel	¿Qué tienen en común?	¿Cuál es el intruso?
9	Sushi	Filete	*Onigiri*	*Gyoza*	Tempura	¿Qué tienen en común?	¿Cuál es el intruso?
10	PC	TV	Molinillo de viento	Tren	Aspiradora	¿Qué tienen en común?	¿Cuál es el intruso?

Asocia los términos y conecta las palabras de la izquierda con las de la derecha.

Asocia los términos y conecta las palabras de la izquierda con las de la derecha.

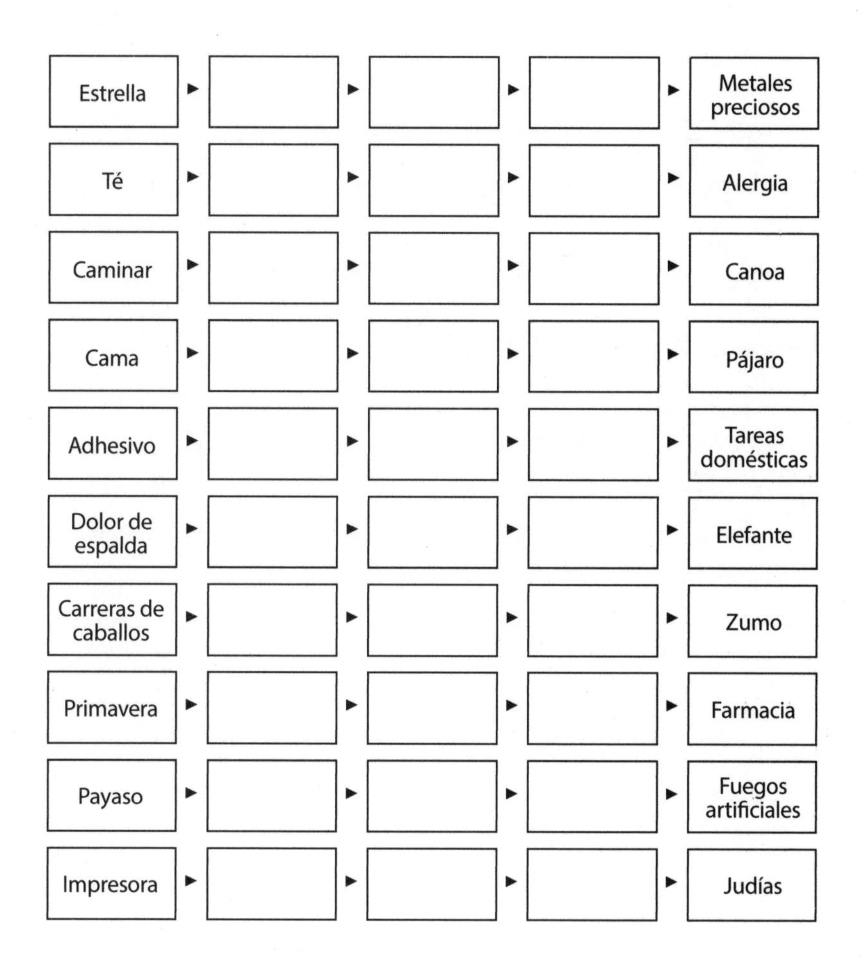

Estrella				Metales preciosos
Té				Alergia
Caminar				Canoa
Cama				Pájaro
Adhesivo				Tareas domésticas
Dolor de espalda				Elefante
Carreras de caballos				Zumo
Primavera				Farmacia
Payaso				Fuegos artificiales
Impresora				Judías

Asocia los términos y conecta las palabras de la izquierda con las de la derecha.

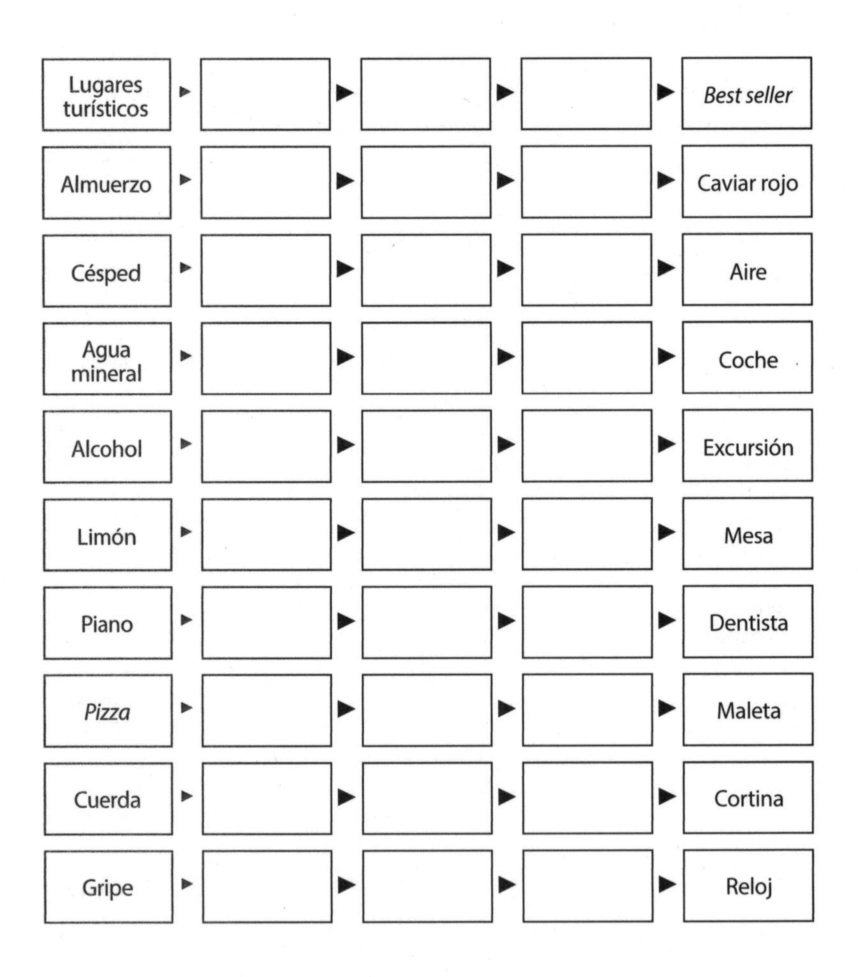

Lugares turísticos ▸	▸	▸	▸	*Best seller*
Almuerzo ▸	▸	▸	▸	Caviar rojo
Césped ▸	▸	▸	▸	Aire
Agua mineral ▸	▸	▸	▸	Coche
Alcohol ▸	▸	▸	▸	Excursión
Limón ▸	▸	▸	▸	Mesa
Piano ▸	▸	▸	▸	Dentista
Pizza ▸	▸	▸	▸	Maleta
Cuerda ▸	▸	▸	▸	Cortina
Gripe ▸	▸	▸	▸	Reloj

Asocia los términos y conecta las palabras de la izquierda con las de la derecha.

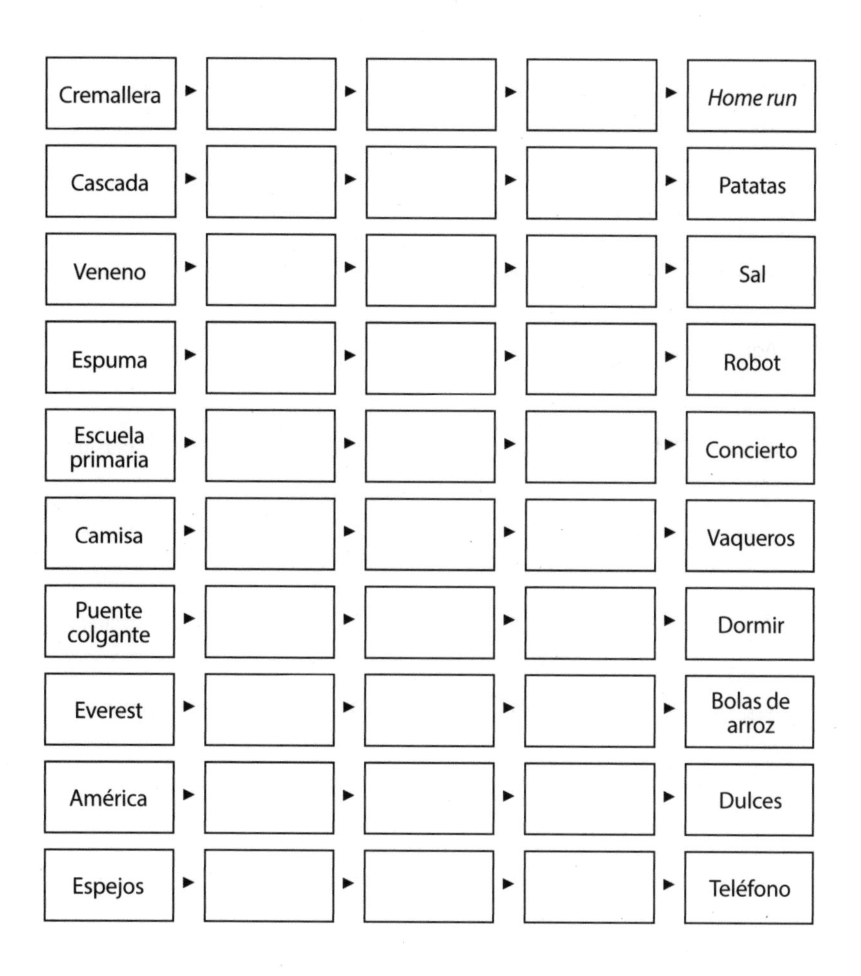

Asocia los términos y conecta las palabras de la izquierda con las de la derecha.

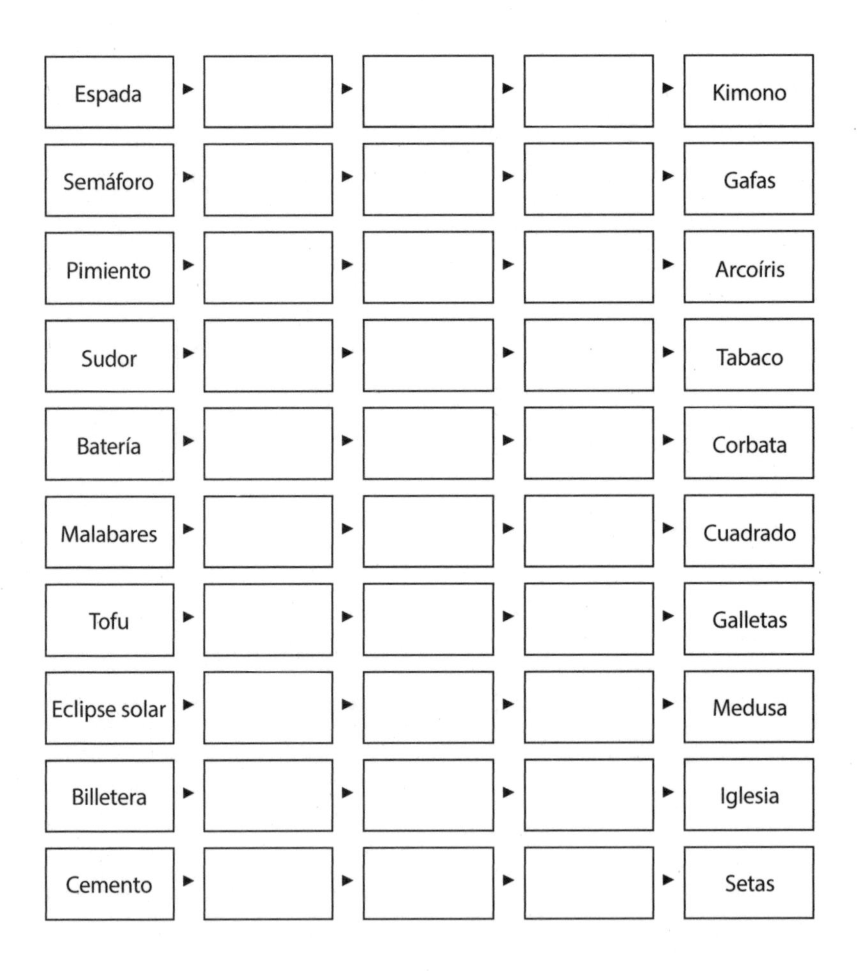

Asocia los términos y conecta las palabras de la izquierda con las de la derecha.

Fortalece la memoria en tu día a día

Cómo entrenar el sensor de clasificación para pensar más rápido

Con estos ejercicios, además de ejercitar la memoria, mejorarás la velocidad con la que piensas.

Piensa en comentaristas populares y comprenderás las características de una persona que piensa rápido. Cuando se les pregunta sobre un tema o se les pide una opinión, son capaces de dar una respuesta instantánea debido a la velocidad con la que piensan. En ese momento, buscan algo que relacione el tema del que les hablan con alguna historia que ya conocen. Luego eligen aquello sobre lo que quieren hablar. Sin duda, el cerebro de estas personas está equipado con el sensor de clasificación. **Además, cuando este funciona, habilidades como la creación de ideas y la escritura mejoran muchísimo.**

Existe un ejercicio que puedes realizar a diario para entrenar el sensor de clasificación. Es algo simple. Piensa en un sustantivo y busca otro que haga referencia a un concepto superior o subordinado al primero. Los conceptos superiores son más abstractos, mientras que los segundos son más generales. Por ejemplo, en el caso de la palabra «perro», el nivel superior es «mamífero» y otro mucho superior es «animal».

No importa que primero establezcas el concepto abstracto y luego el concreto. Por ejemplo, si empezamos por «animales», continuaremos con el término subordinado «mamíferos» y, luego, con «perro». Acostúmbrate a encontrar dos palabras relacionadas lo más rápido posible. También puedes buscar más de dos.

Puedes hacerlo en cualquier momento y en cualquier lugar: mientras leas un periódico, señala con el dedo una palabra al azar, o cuando viajes en tren, elige la primera palabra que veas. Puedes hacerlo sin ninguna herramienta especial, solo debes pensar. Inténtalo.

SOLUCIONES

	¿Qué tienen en común?	¿Cuál es el intruso?
1	Son rojas	Pepino
2	Son dulces	Ciruela seca
3	Son redondas	Postal
4	Son pesadas	Plumas
5	Están frías	Agua caliente
6	Son peligrosas	Bebé
7	Son brillantes	Fondo del mar
8	Son invisibles	Mano
9	Son divertidas	Guerra
10	Son esponjosas	Huevo cocido

	¿Qué tienen en común?	¿Cuál es el intruso?
1	Son negras	Leche
2	Están agrias	Hojaldre de crema
3	Son rectangulares	Pirámide
4	Son ligeras	Pesas
5	Están calientes	Agua del grifo
6	Empiezan por A	Canadá
7	Están duras	Arcilla
8	Son largas y delgadas	Lupa
9	Vuelan	Tortuga
10	Cosas del verano	Hojas caídas

	¿Qué tienen en común?	¿Cuál es el intruso?
1	Son blancas	Pintalabios
2	Son picantes	Sandía
3	Son redondas	Barra de pan
4	Son buenas para la salud	Sal
5	Deportes con pelota	Esgrima
6	Son translúcidas	Cortina
7	Son elásticas	Piedra
8	Dan miedo	Lupa
9	Queman	Agua de mar
10	Se encuentran en el supermercado	Caballo

	¿Qué tienen en común?	¿Cuál es el intruso?
1	Son amarillas	Césped
2	Están amargas	Pudin
3	Son veloces	Caracol
4	Resbalan	Botas de fútbol
5	Instrumentos musicales	Casco
6	Apestan	Jabón
7	Flores	Fondo del mar
8	Cosas de invierno	Terrazas de bares
9	Países asiáticos	Suecia
10	Se deshacen	Carbón

	¿Qué tienen en común?	¿Cuál es el intruso?
1	Son de madera	Botella de plástico
2	Huelen bien	Amoniaco
3	Son cilíndricas	Dados
4	Son líquidas	Descansar
5	Las encuentras en una escuela	Estación
6	Giran	Torre de Tokio
7	Terminan en N	Goma
8	Pescados	Vieira
9	Presidentes estadounidenses	Chirac
10	Alimentos ricos en carbohidratos	Tofu

	¿Qué tienen en común?	¿Cuál es el intruso?
1	Son líquidas	Terrón de azúcar
2	Se atan	Cuerda de saltar
3	Se pegan	Alfombra
4	Pinchan	Pez dorado
5	Son caras	Brotes de soja
6	Hay que sostenerlas	Gafas de sol
7	Ingredientes para un zumo	Setas
8	Cosas para escribir	Cúter
9	Comida japonesa	Filete
10	Necesitan electricidad	Molinillo de viento

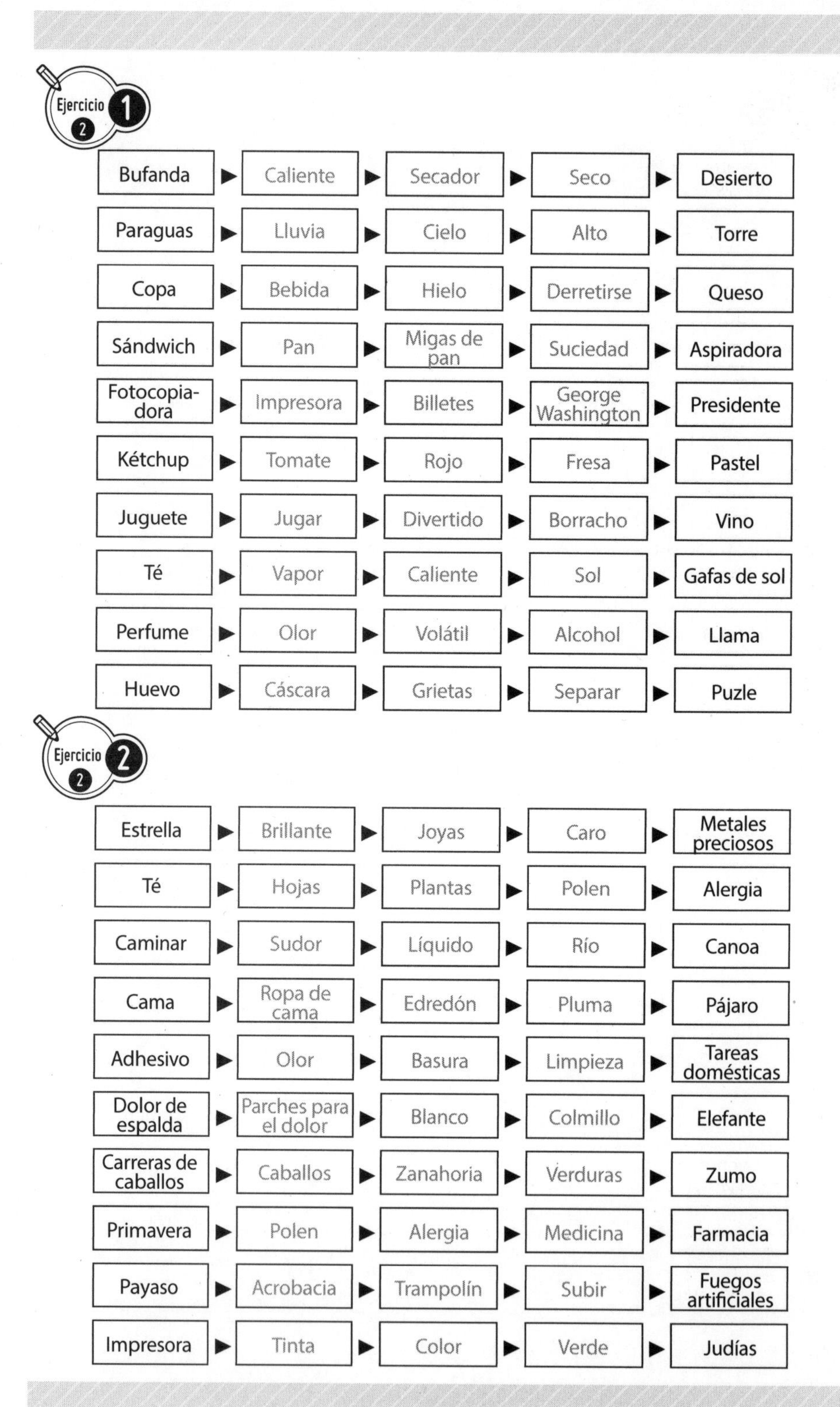

Ejercicio 2 – 1

Bufanda ▶	Caliente ▶	Secador ▶	Seco ▶	Desierto
Paraguas ▶	Lluvia ▶	Cielo ▶	Alto ▶	Torre
Copa ▶	Bebida ▶	Hielo ▶	Derretirse ▶	Queso
Sándwich ▶	Pan ▶	Migas de pan ▶	Suciedad ▶	Aspiradora
Fotocopiadora ▶	Impresora ▶	Billetes ▶	George Washington ▶	Presidente
Kétchup ▶	Tomate ▶	Rojo ▶	Fresa ▶	Pastel
Juguete ▶	Jugar ▶	Divertido ▶	Borracho ▶	Vino
Té ▶	Vapor ▶	Caliente ▶	Sol ▶	Gafas de sol
Perfume ▶	Olor ▶	Volátil ▶	Alcohol ▶	Llama
Huevo ▶	Cáscara ▶	Grietas ▶	Separar ▶	Puzle

Ejercicio 2 – 2

Estrella ▶	Brillante ▶	Joyas ▶	Caro ▶	Metales preciosos
Té ▶	Hojas ▶	Plantas ▶	Polen ▶	Alergia
Caminar ▶	Sudor ▶	Líquido ▶	Río ▶	Canoa
Cama ▶	Ropa de cama ▶	Edredón ▶	Pluma ▶	Pájaro
Adhesivo ▶	Olor ▶	Basura ▶	Limpieza ▶	Tareas domésticas
Dolor de espalda ▶	Parches para el dolor ▶	Blanco ▶	Colmillo ▶	Elefante
Carreras de caballos ▶	Caballos ▶	Zanahoria ▶	Verduras ▶	Zumo
Primavera ▶	Polen ▶	Alergia ▶	Medicina ▶	Farmacia
Payaso ▶	Acrobacia ▶	Trampolín ▶	Subir ▶	Fuegos artificiales
Impresora ▶	Tinta ▶	Color ▶	Verde ▶	Judías

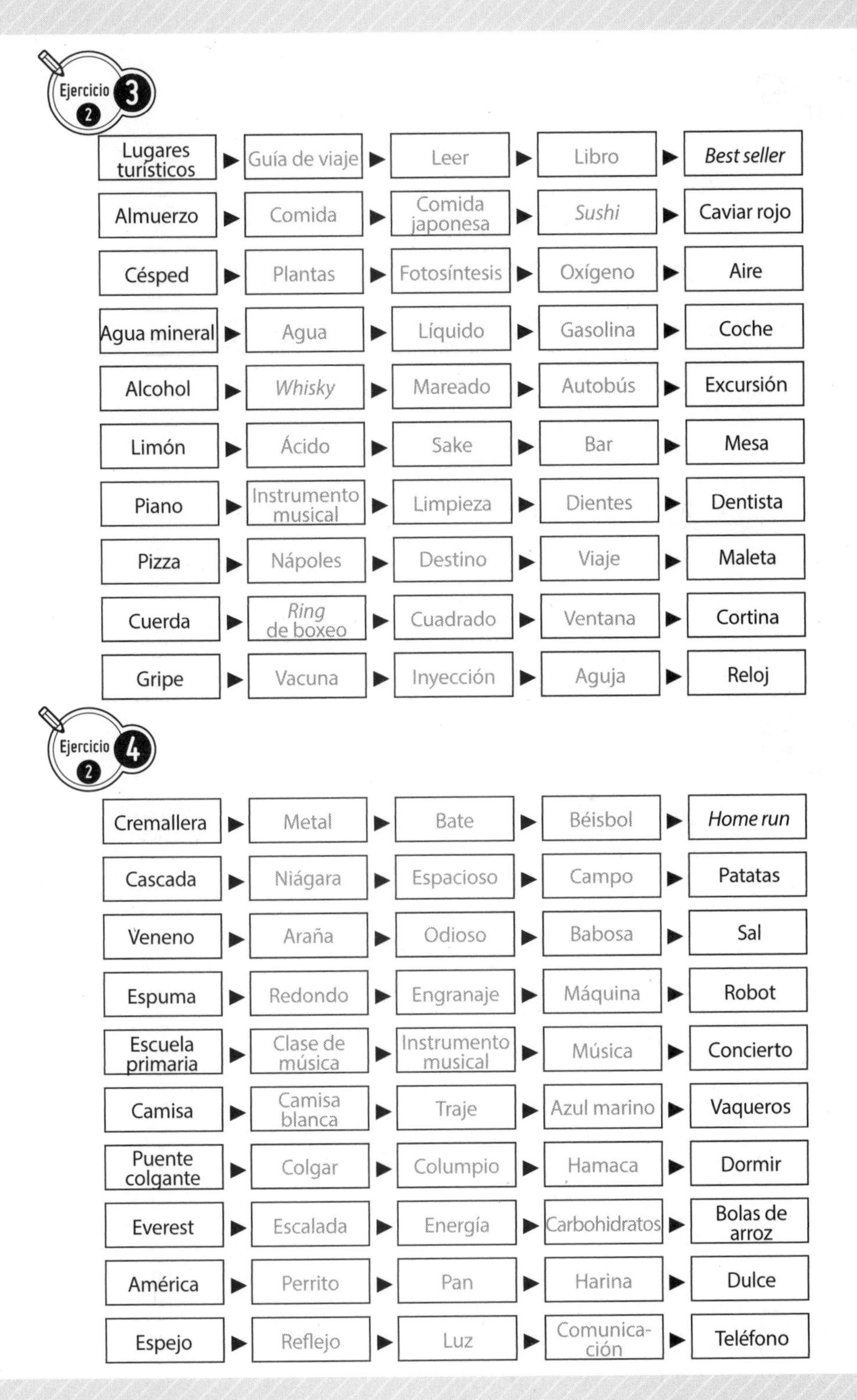

Ejercicio 2 3

Lugares turísticos	Guía de viaje	Leer	Libro	*Best seller*
Almuerzo	Comida	Comida japonesa	*Sushi*	Caviar rojo
Césped	Plantas	Fotosíntesis	Oxígeno	Aire
Agua mineral	Agua	Líquido	Gasolina	Coche
Alcohol	*Whisky*	Mareado	Autobús	Excursión
Limón	Ácido	Sake	Bar	Mesa
Piano	Instrumento musical	Limpieza	Dientes	Dentista
Pizza	Nápoles	Destino	Viaje	Maleta
Cuerda	*Ring* de boxeo	Cuadrado	Ventana	Cortina
Gripe	Vacuna	Inyección	Aguja	Reloj

Ejercicio 2 4

Cremallera	Metal	Bate	Béisbol	*Home run*
Cascada	Niágara	Espacioso	Campo	Patatas
Veneno	Araña	Odioso	Babosa	Sal
Espuma	Redondo	Engranaje	Máquina	Robot
Escuela primaria	Clase de música	Instrumento musical	Música	Concierto
Camisa	Camisa blanca	Traje	Azul marino	Vaqueros
Puente colgante	Colgar	Columpio	Hamaca	Dormir
Everest	Escalada	Energía	Carbohidratos	Bolas de arroz
América	Perrito	Pan	Harina	Dulce
Espejo	Reflejo	Luz	Comunicación	Teléfono

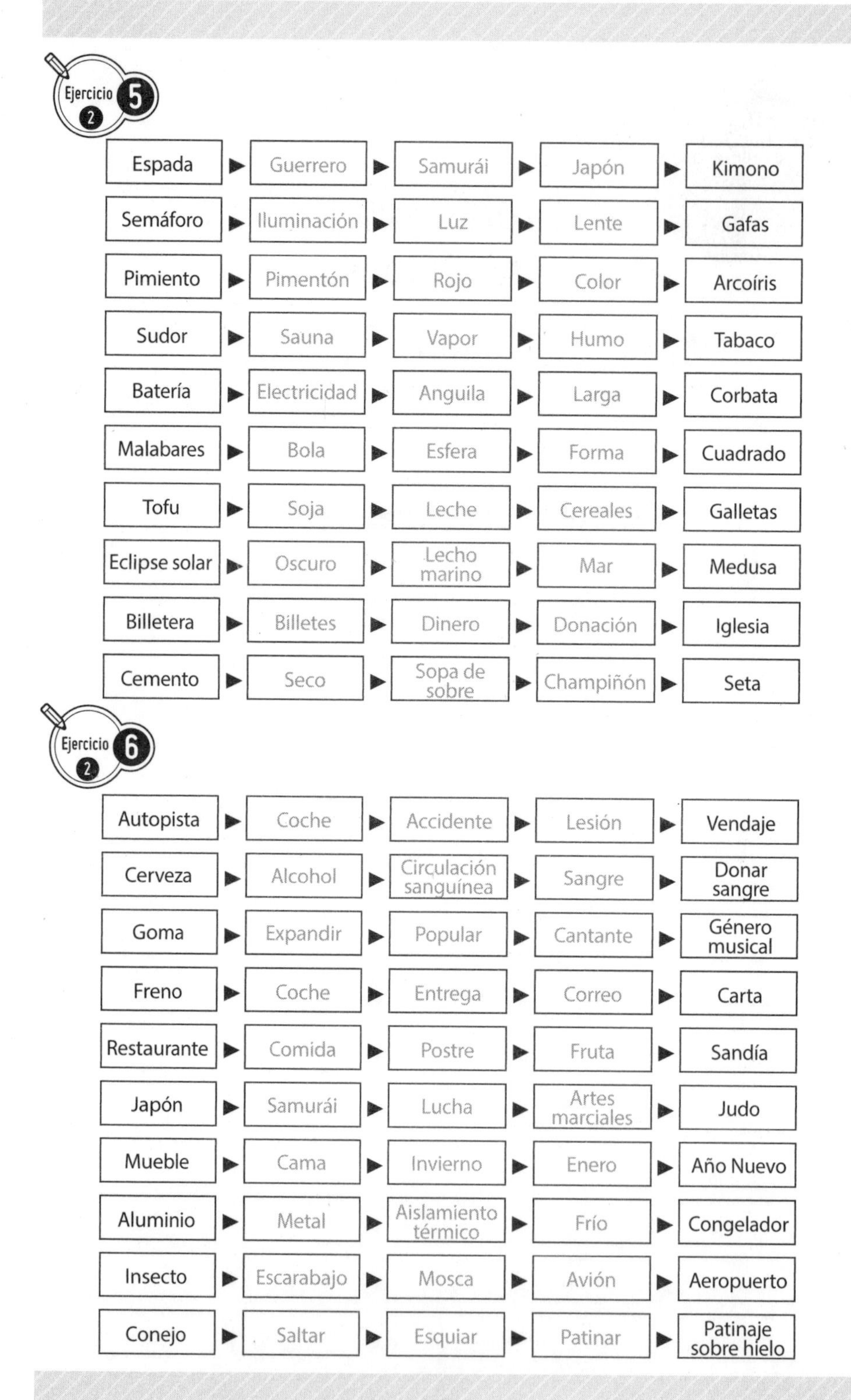
Ejercicio 2 5
Espada ▶ Guerrero ▶ Samurái ▶ Japón ▶ Kimono
Semáforo ▶ Iluminación ▶ Luz ▶ Lente ▶ Gafas
Pimiento ▶ Pimentón ▶ Rojo ▶ Color ▶ Arcoíris
Sudor ▶ Sauna ▶ Vapor ▶ Humo ▶ Tabaco
Batería ▶ Electricidad ▶ Anguila ▶ Larga ▶ Corbata
Malabares ▶ Bola ▶ Esfera ▶ Forma ▶ Cuadrado
Tofu ▶ Soja ▶ Leche ▶ Cereales ▶ Galletas
Eclipse solar ▶ Oscuro ▶ Lecho marino ▶ Mar ▶ Medusa
Billetera ▶ Billetes ▶ Dinero ▶ Donación ▶ Iglesia
Cemento ▶ Seco ▶ Sopa de sobre ▶ Champiñón ▶ Seta
Ejercicio 2 6
Autopista ▶ Coche ▶ Accidente ▶ Lesión ▶ Vendaje
Cerveza ▶ Alcohol ▶ Circulación sanguínea ▶ Sangre ▶ Donar sangre
Goma ▶ Expandir ▶ Popular ▶ Cantante ▶ Género musical
Freno ▶ Coche ▶ Entrega ▶ Correo ▶ Carta
Restaurante ▶ Comida ▶ Postre ▶ Fruta ▶ Sandía
Japón ▶ Samurái ▶ Lucha ▶ Artes marciales ▶ Judo
Mueble ▶ Cama ▶ Invierno ▶ Enero ▶ Año Nuevo
Aluminio ▶ Metal ▶ Aislamiento térmico ▶ Frío ▶ Congelador
Insecto ▶ Escarabajo ▶ Mosca ▶ Avión ▶ Aeropuerto
Conejo ▶ Saltar ▶ Esquiar ▶ Patinar ▶ Patinaje sobre hielo

Ejercicios para el sensor de cotejo

Test para poner a prueba el sensor de cotejo

¿Qué representa el siguiente anagrama? Se trata de una palabra relacionada con el silencio.

COLLADA

CALLADO

¿Lo has acertado? La pista dice que se trata de algo relacionado con el silencio; esa es la clave. A partir de ahí, relacionaremos la información que se nos ha presentado con la que ya conocemos. Si aprendes algo nuevo con la intención de compararlo con conocimientos previos, lo memorizarás de forma eficiente y repasarás aquello que ya sabes. **Si, por el contrario, no lo haces, tu cerebro recibirá toda la información como nueva y el proceso de aprendizaje será más complicado.**

A continuación, explicaremos qué es el sensor de cotejo, la consciencia a la hora de comparar conocimientos.

Gracias al sensor de cotejo, no tardarás en aprender

En psicología llamamos «esquema» a las ideas y conocimientos que ya tenemos. Generalmente, no somos conscientes de ello, pero existen esquemas en la vida cotidiana.

Por ejemplo, a la hora de pedir en un restaurante o de subir a un vehículo, actuamos según una serie de esquemas. Si los utilizas, aprenderás nuevos conocimientos y habilidades de manera eficiente.

Supongamos que quieres aprender algo nuevo. Cuando empiezas desde cero, es más eficiente comparar las ideas nuevas con lo que ya tienes y buscar algún tipo de coincidencia entre ambos conocimientos. Si estableces una relación, te resultará más fácil y rápido entenderlo y recordarlo.

Además, como se ha mencionado anteriormente, aquello que memorizas cuando tus sentimientos se ven afectados es más fácil de recordar.

Cuando un nuevo dato coincide con algo que ya sabemos, el cerebro reconoce las emociones relacionadas con la información conocida y ejercitamos la memoria.

Aunque no encuentres un esquema común, buscarlo te aportará un beneficio, pues al tratar de relacionar diversos datos, reflexionarás sobre la nueva información y tu memoria se fortalecerá.

Cuando aprendes o estudias algo nuevo, es necesario que el sensor de cotejo compare la nueva información con los esquemas, las estructuras y los mecanismos que ya conoces para llegar al objetivo deseado.

A continuación, encontrarás unos ejercicios con los que puedes activar el sensor de cotejo.

1 Corrige las palabras

Las letras de la palabra están desordenadas. Ordénalas.

Ejemplo

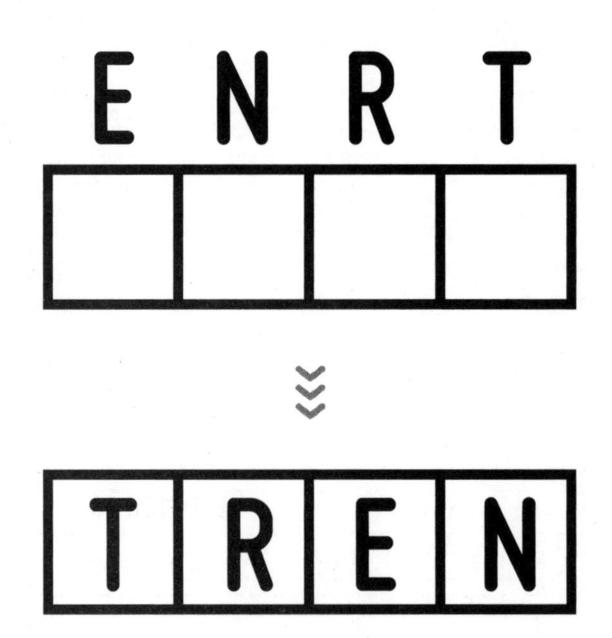

Ejercicios para el sensor de cotejo

2 Encuentra la palabra a partir de las cuatro pistas

Encuentra una palabra que pueda relacionarse con las cuatro pistas.

Ejemplo

Vaso	Se empaña
A prueba de balas	Transparente

▶

Vaso	Se empaña
A prueba de balas	Transparente

▶ CRISTAL

Ordena las letras y forma la palabra correcta.

B Á O R L

P Í R S A

L E C U B

L R C A O

A R G O R

N V I E E

T A R C A

Z A R O M

A G L O R

M A P L A

Ordena las letras y forma la palabra correcta.

U V A C E

R A C E C

P O R T E

D U E R A

S I B R A

A J O Ñ E

B Á C O A

L E C I O

N E R I A

P A A R C

Ordena las letras y forma la palabra correcta.

C L A P A

C R O M A

C O T E H

D E V E R

T R E N A

T E L A R

Ñ E S U O

G O T E S

M O R I L

T O R C E

Ordena las letras y forma la palabra correcta.

C H U L A

M E R A R

L A D A F

G O R C A

N I C H A

T I N C A

J A R A B

D E M I A

G I E R O

L E H I O

Ordena las letras y forma la palabra correcta.

A L O F T

R I S A P

E H L E C

D O R E N

R I G A R

O R C O L

A R P E L

P I Z Á L

G U E Y A

N U B O E

Ordena las letras y forma la palabra correcta.

G O M I A

Z E F I L

R O R A B

R U E C O

V O J E N

B O L G O

G R A N O

T A R C O

Z Y O G A

R O G I A

Encuentra la solución a partir de las cuatro pistas

Rojo	Verde
Naranja	Carretera

Udón	Pizza
Pasta	Trigo

Verano	Volar
Pájaro	Oscura

Transparente	Joya
Caro	Duro

Periodo Edo	Guerrero
Espada	Japón

Salsa de soja	Sopa de miso
Carne de cerdo	Fideos

Rey	Carnívoro
Felino	Melena

Redonda	Rotación
Humanidad	Sistema solar

Generador	Bomba
Uranio	Radioactividad

China	Oso
Bambú	Blanco y negro

Encuentra la solución a partir de las cuatro pistas

Bata blanca	Informe
Estetoscopio	Cirugía

Pizza	Pasta
Bota	País

Palomitas	Director
Entrada	Cartelera

Cámara de cine	Fonógrafo
Bombilla	Invento

Pantalla	Micrófono
Cantar	Sala

Cálido	Pascua
Flores	Estación

Músculo	Bombear
Sangre	Orégano

Teclado	Instrumento
Fuelles	Música

Viento	Lluvia
Ojo	Remolino

Juego	Dados
Cartas	Póker

Encuentra la solución a partir de las cuatro pistas

Vapor	Tabla
Calor	Arrugas

Pelota	Pase
Brasil	Deporte

Jazz	Pasos
Creación	Vals

Papel	Tijeras
Manos	Piedra

Molusco	Acuicultura
Collar	Joyas

Días	Festivo
12	Papel

Hortaliza	Verde
Col	Ensalada

Mamífero	Mar
Grande	Inteligente

Rey	Reina
Juego	Tablero

Deporte	Baño
Sudor	Limpiar

Encuentra la solución a partir de las cuatro pistas

Hospital	Película
Fotografía	Rayos X

Campana	Tumba
Budismo	Monje

Cielo nocturno	Luz
Fuego	Pólvora

Mar	Olas
Viento	Deporte

Mar	Roca
Condimento	Mineral

China	Japón
Letras	Concepto

Pastel	Altar
Iglesia	Fuego

Dulces	Chimenea
Regalos	Árbol

Lluvia	Arco
Prisma	Colores

Televisión	Predicción
Mapa	Meteorología

Encuentra la solución a partir de las cuatro pistas

Leche	Bacterias
Postre	Fermentación

Japón	Patrimonio
Volcán	Alpinismo

Construcción	Béisbol
Fútbol americano	Seguridad

Manotazo	Teja
Cinturón negro	Artes marciales

Despedida	Lágrimas
Certificado	Ceremonia

Contador	Coche
Vacío	Compartir

Cuerdas	Instrumento
Eléctrico	Púa

Aumento	Adicción
Carreras	Lotería

CO_2	Luz solar
Oxígeno	Plata

Espía	Arte
Japonés	Negro

Encuentra la solución a partir de las cuatro pistas

Euro	Salchichas
Cerveza	Benz

Ejercicio	Calorías
Salud	Peso

Entrada	Carrusel
Montaña rusa	Noria

Televisión	Trabalenguas
Noticias	Comunicador

Tubérculo	Almidón
Dulce	Asado

Noche	Cráter
Satélite	Fases

Vapor	Globo
Butano	Líquido

Dinero	Robo
Cajero	Ciudad

Granos	Flan
Polvo	Cafeína

Hielo	Música
Salto	Ramo de flores

Fortalece la memoria en tu día a día

Cómo entrenar el sensor de cotejo para recordar datos durante mucho tiempo

Para aumentar la cantidad de esquemas que recordamos y lograr que el sensor de cotejo opere en su totalidad se recomienda leer. Las personas que usan bien el cerebro suelen ser lectores habituales.

Hay quienes se preocupan porque su velocidad de lectura es lenta. Aunque no emplees ninguna técnica para leer más rápido, lo conseguirás leyendo más. El conocimiento, es decir, los esquemas, aumentarán con la cantidad de lecturas que realices. **Aplica este truco en tu vida y duplicarás tu velocidad de lectura, además de entrenar el sensor de cotejo.**

El objetivo es que aquellas personas que tarden un minuto en leer una página, la lean en treinta segundos, y a quienes les lleve treinta segundos, lo intenten hacer en quince.

Para leer rápido, necesitas aumentar la velocidad de comprensión.

Para aumentar la comprensión lectora, necesitas que el sensor de cotejo esté totalmente operativo. Al principio, el proceso puede ser lento, pero, a medida que practiques, el cerebro se acostumbrará y entrenarás dicho sensor.

Si lees rápido y de un tirón, es muy posible que tu cerebro no llegue a comprender toda la lectura. Sin embargo, la memoria tiene una propiedad conocida como «efecto de dispersión»; es decir, tenemos la capacidad de recordar pequeños fragmentos de información durante más tiempo que mucha información de golpe.

Por ejemplo, el señor A y el señor B van a aprender cien palabras en inglés en cuatro horas. El primero las aprende en cuatro horas durante un día, mientras que el segundo prefiere estudiarlas durante una hora a lo largo de cuatro días. Aunque ambos han tardado las mismas horas, el señor B las recordará durante más tiempo. En otras palabras, aunque tardes el mismo tiempo, si lees más rápido aceleras el procedimiento.

De igual forma, tus esquemas aumentarán con el simple hecho de leer. Por tanto, si quieres seguir leyendo a tu velocidad habitual, no hay ningún problema.

B Á O R L

Á	R	B	O	L

P Í R S A

P	A	R	Í	S

L E C U B

B	U	C	L	E

L R C A O

C	A	L	O	R

A R G O R

G	O	R	R	A

N V I E E

N	I	E	V	E

T A R C A

C	A	R	T	A

Z A R O M

M	A	R	Z	O

A G L O R

L	A	R	G	O

M A P L A

P	A	L	M	A

U V A C E

C	U	E	V	A

A J O Ñ E

A	Ñ	E	J	O

R A C E C

C	E	R	C	A

B Á C O A

Á	B	A	C	O

P O R T E

T	O	R	P	E

L E C I O

C	I	E	L	O

D U E R A

R	U	E	D	A

N E R I A

R	E	I	N	A

S I B R A

B	R	I	S	A

P A A R C

C	A	R	P	A

C L A P A	C R O M A
P L A C A	M A R C O
C O T E H	D E V E R
T E C H O	V E R D E
T R E N A	T L E A R
R E N T A	L E T R A
Ñ E S U O	G O T E S
S U E Ñ O	G E S T O
M O R I L	T O R C E
M I R L O	C O R T E

C H U L A	M E R A R
L U C H A	R E M A R
L A D A F	G O R C A
F A L D A	C A R G O
N I C H A	T I N C A
C H I N A	C I N T A
J A R A B	D E M I A
B A J A R	M E D I A
G I E R O	L E H I O
R I E G O	H I E L O

A L O F T	R I S A P
FLOTA	PISAR
E H L E C	D O R E N
LECHE	ORDEN
R I G A R	O R C O L
GIRAR	COLOR
A R P E L	P I Z Á L
PERLA	LÁPIZ
G U E Y A	N U B O E
YEGUA	BUENO

G O M I A	B O L G O
AMIGO	GLOBO
Z E F I L	G R A N O
FELIZ	RANGO
R O R A B	T A R C O
BARRO	ACTOR
R U E C O	Z Y O G A
CUERO	GYOZA
V O J E N	R O G I A
JOVEN	AGRIO

Semáforo	Harina
Golondrina	Diamante
Samurái	Ramen
León	Tierra
Energía nuclear	Panda

Médico	Italia
Película	Edison
Karaoke	Primavera
Corazón	Acordeón
Tifón	Casino

Plancha	Fútbol
Baile	Piedra, papel o tijeras
Perla	Calendario
Repollo	Ballena
Ajedrez	Toalla

Radiografía	Templo
Fuegos artificiales	Surf
Sal	Caracteres
Vela	Navidad
Arcoíris	Tiempo

Yogur	Monte Fuji
Casco	Karate
Graduación	Taxi
Guitarra	Juegos de apuestas
Fotosíntesis	Ninja

Alemania	Dieta
Parque de atracciones	Presentador de televisión
Boniato	Luna
Gas	Banco
Café	Patinaje artístico

Ejercicios para el sensor de imagen

Test para poner a prueba el sensor de imagen

Cubre las imágenes de la derecha e imagina la figura a la vez que lees el texto. Una vez hayas formado tu propia imagen, elige la forma correcta.

(A la hora de escoger la imagen, no vuelvas a leer el texto).

Texto

El círculo está superpuesto al cuadrado. La superficie del cuadrado que el círculo no cubre es de color negro. Desde los puntos en que el círculo y el cuadrado entran en contacto, se dibujan dos líneas, una vertical y una horizontal. Cuatro triángulos tocan el extremo de las líneas con el vértice.

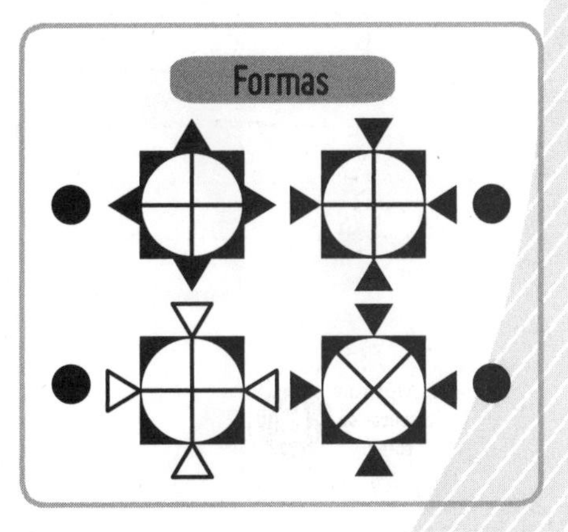

Respuesta

Test para poner a prueba el sensor de imagen

A nuestro cerebro se le da muy bien pensar en imágenes, por ese motivo nos resulta sencillo aprender cuando las utilizamos. El poder de las imágenes es tal que podemos decir que la memoria está formada por ellas.

Esta es la razón por la que, seguramente, no has tenido ningún problema en imaginar una forma a partir de un texto. Cuando leemos y escribimos, la información llega a nuestra mente en forma de letras, por eso algunas personas pierden la capacidad de imaginar.

Además, en nuestro día a día no tenemos muchas oportunidades de crear imágenes de manera activa. Con estos ejercicios, reforzarás la memoria a la vez que creas imágenes y activas el sensor de imagen.

Con el sensor de imagen ya no olvidarás las cosas con tanta facilidad

Ahora quiero hacer un pequeño experimento. Cierra los ojos y piensa en un oso panda. En tu mente ha aparecido la imagen de un adorable panda de color blanco y negro, ¿verdad? Al pedirte que imagines un panda, nadie piensa en las letras en sí. El cerebro recuerda las imágenes y los vídeos con mayor facilidad que las letras. Es decir, los recuerdos que permanecen durante más tiempo en nuestro cerebro no son las letras, sino las imágenes. Existen muchas técnicas para ayudar a recordar; yo mismo uso muchas de estas.

No obstante, la esencia de todas es la misma: aprender con imágenes. No importa si son números, sustantivos o nombres, la base de estas técnicas mnemotécnicas consiste en convertir las letras en una imagen. Si realizas esta conversión cerebral natural, aprenderás más rápido. A continuación, vamos a activar el sensor de imagen transformando de manera consciente palabras en imágenes. Al principio, a aquellas personas que no estén acostumbradas a crear nuevas imágenes les llevará tiempo, pero no es necesario pensar demasiado. Los seres humanos tenemos la capacidad innata de imaginar, aunque debemos acostumbrarnos a utilizarla. Estos ejercicios son un buen entrenamiento para el sensor de imagen. Con ellos, poco a poco imaginarás con mayor facilidad.

1 Aprende y reproduce formas

Recuerda la forma y dibújala en otro papel. La clave para ejercitar la memoria es convertir las características y reglas de la figura en palabras e imaginarla en tu mente. Una vez la hayas visualizado, sin mirar nada más, dibújala en un papel.

Ejemplo En primer lugar, observa la disposición y el color de la imagen y busca las características y reglas. Una vez lo hayas convertido en palabras, visualízala en la cabeza y, sin mirar, dibújala en un papel.

REFERENCIA Características y reglas de la imagen

- Tres filas de cuatro triángulos cada una.
- Se alterna el color blanco y negro.
- Cada fila empieza por un color diferente.

Ejercicios para el sensor de imagen

2 Piensa en palabras que unan las dos ideas

Hay veinte parejas de palabras en cada página. Crea una imagen que incluya las dos ideas de la pareja para recordarlas. Si la imagen es divertida, el cerebro reaccionará y será más fácil de memorizar. Tras haber pensado en los veinte pares, sin mirar nada y sin dejar de recordar las imágenes, rellena los espacios en blanco con las palabras correspondientes.

Ejemplo Crea una imagen para cada pareja de palabras. Una vez hecho, trata de recordar qué palabras van en los espacios en blanco.

1	2	3
Montaña rusa	Tomate	Buda
Estatua de la Libertad	Bolígrafo	Mochila escolar

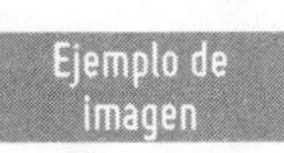

1. La Estatua de la Libertad se monta en una montaña rusa.
2. Un bolígrafo pinchado en un tomate.
3. Buda lleva una mochila escolar.

1	2	3
Montaña rusa	Tomate	Buda
Estatua de la Libertad	Bolígrafo	Mochila escolar

Observa la imagen y analiza las características y las reglas. Una vez lo hayas convertido en palabras, visualízala en tu cabeza y, sin mirar, dibújala en un papel.

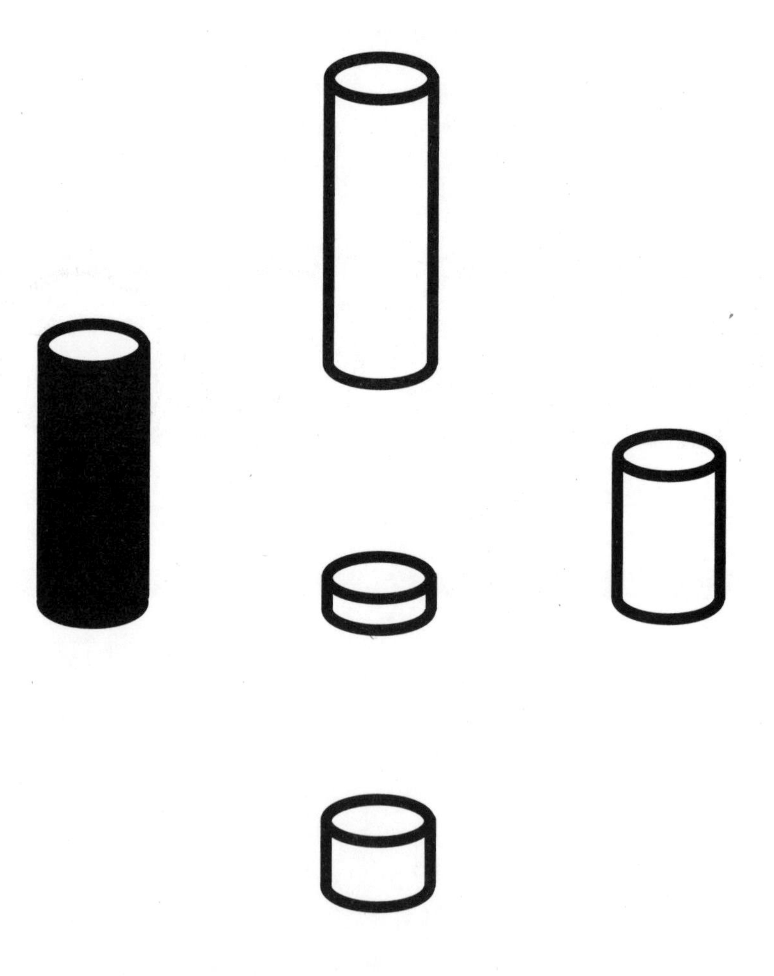

Observa la imagen y analiza las características y las reglas. Una vez lo hayas convertido en palabras, visualízala en tu cabeza y, sin mirar, dibújala en un papel.

Observa la imagen y analiza las características y las reglas. Una vez lo hayas convertido en palabras, visualízala en tu cabeza y, sin mirar, dibújala en un papel.

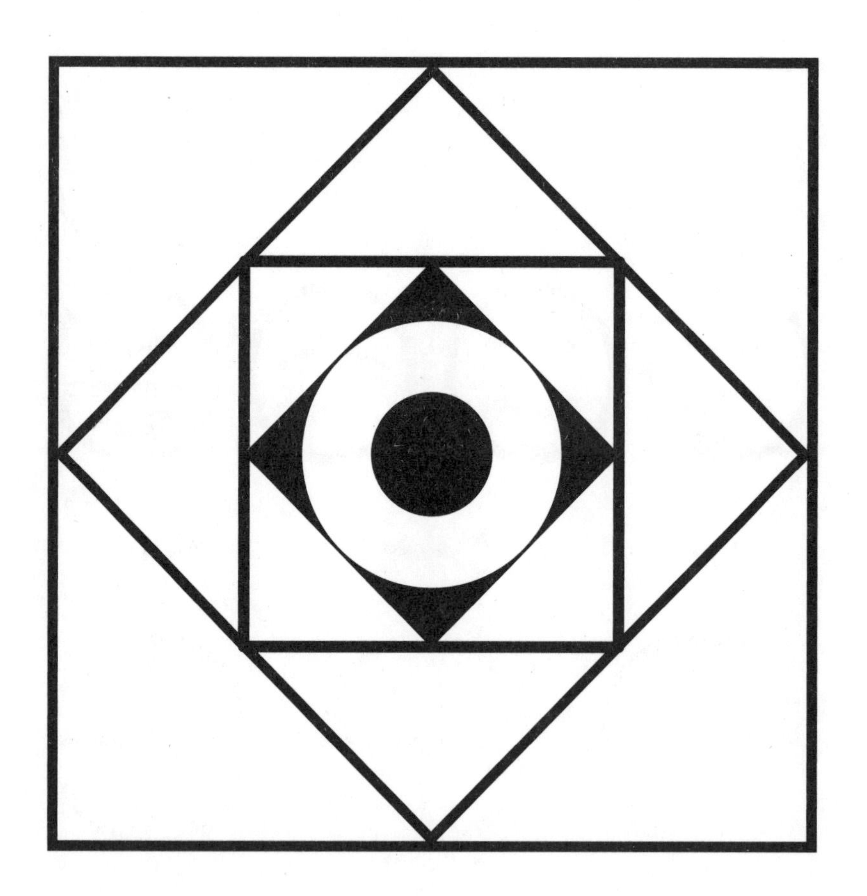

Observa la imagen y analiza las características y las reglas. Una vez lo hayas convertido en palabras, visualízala en tu cabeza y, sin mirar, dibújala en un papel.

Observa la imagen y analiza las características y las reglas. Una vez lo hayas convertido en palabras, visualízala en tu cabeza y, sin mirar, dibújala en un papel.

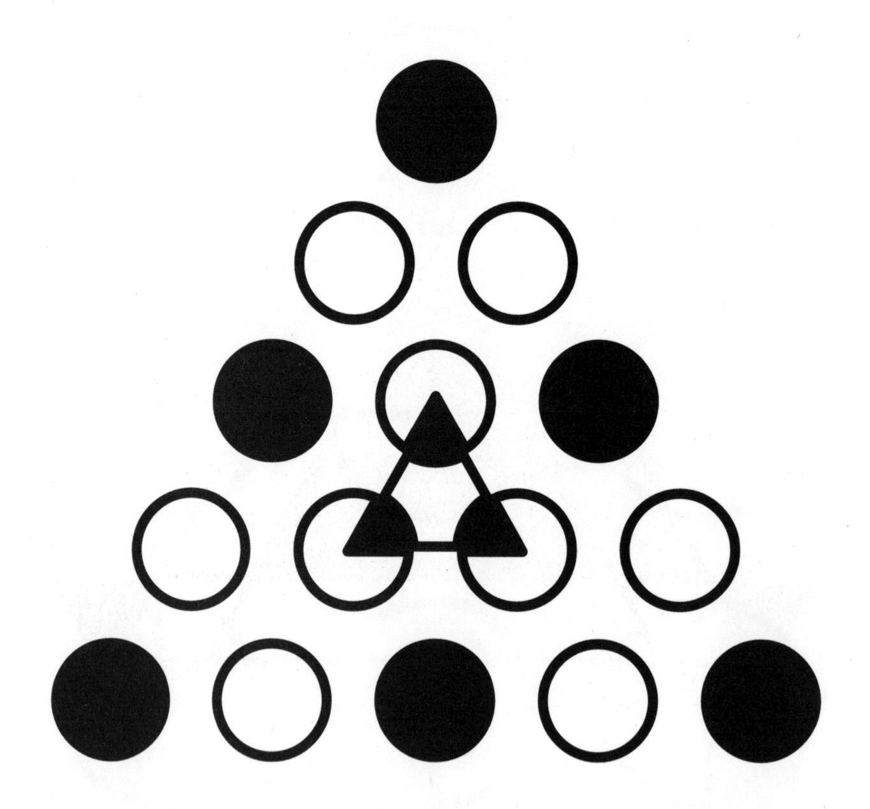

Observa la imagen y analiza las características y las reglas. Una vez lo hayas convertido en palabras, visualízala en tu cabeza y, sin mirar, dibújala en un papel.

Crea una imagen para cada pareja de palabras. Una vez hecho, ve a la página 114.

1	2	3	4	5
Charco	Cama	Bufanda	Bechamel	Tijeras
Pañuelo	Sierra	Rosa	Croqueta	Césped

6	7	8	9	10
Brochetas de pollo	Pimiento verde	Trampolín	Trompeta	Sofá
Vaso	Río	Hipopótamo	Limón	Pez dorado

11	12	13	14	15
Piedra	Montaña	Mantis religiosa	Silla	Jamón
Juguete	Pudin	Sandía	Chicle	Pájaro carpintero

16	17	18	19	20
Aspiradora	Helicóptero	Telaraña	Gorila	Zorro
Pelota	Lápiz	Tofu	Helado	Aguas termales

Crea una imagen para cada pareja de palabras. Una vez hecho, ve a la página 115.

1	2	3	4	5
Cocodrilo	Guindilla	Espagueti	Cama	Micrófono
Sartén	Helado	Tobogán	Cacahuetes	Doctor

6	7	8	9	10
Dardos	Tortuga	Abuela	Crema	Paracaídas
Gomas elásticas	Bolos	Béisbol	Diamante	Cubo

11	12	13	14	15
Barra horizontal	Gamba	Saturno	Plato	Murciélago
Rata	Fuente	Huevo frito	Burbujas	Lechuga

16	17	18	19	20
Juego de cartas	Acuario	Pasillo	Jirafa	Sombrero
Ramo de flores	Anillo	Malvaviscos	Ventana	Bellota

Crea una imagen para cada pareja de palabras. Una vez hecho, ve a la página 116.

1	2	3	4	5
Botas	Helado	Piratas	Manzanas	Guantes
Hojas caídas	Sopa	Edredón	Campo de arroz	Espantapájaros

6	7	8	9	10
Diente de león	Caballero	Calcetines	Sándwich	Miel
Bolos	Palillo	Hielo	Boniato	Muñeco de nieve

11	12	13	14	15
Semáforo	Aeropuerto	Grúa	Letrero	Reloj
Humo	Motocicleta	Azúcar	Pintalabios	Lavadora

16	17	18	19	20
Estornudo	Raqueta	Trueno	Meteorito	Edificio
Sésamo	Oruga	Dinosaurio	Pepino	Fuegos artificiales

Crea una imagen para cada pareja de palabras. Una vez hecho, ve a la página 117.

1	2	3	4	5
Tenedor	Salsa de soja	Tren	Antena	Café
Piña	Ducha	Mermelada	Estrella fugaz	Esqueleto

6	7	8	9	10
Bizcocho	Filete	Robot	Cinta adhesiva	Fresa
Curri	Nubes	Tambor	Lentes de contacto	Paraguas

11	12	13	14	15
Príncipe	Almohada	Caracol	León	Campo
Ambulancia	Hamburguesa	Cuchara	Mascarilla	Estropajo

16	17	18	19	20
Luchador	Taza de café	Delfín	Medusa	Juego
Panda	Pulpo	Flotador	Cajón	Castañuelas

Crea una imagen para cada pareja de palabras. Una vez hecho, ve a la página 118.

1	2	3	4	5
Girasol	Lupa	Pavo real	Mono	Espray
Barba	Labios	Cuadro	Collar	Huevo frito

6	7	8	9	10
Policía	Bicicleta	Reloj	Alfombra	Perro
Guitarra	Ninja	Ciruela seca	Tinta	Esquiar

11	12	13	14	15
Dónut	Cúter	Columpio	Avión de papel	Tornado
Mesa	Plátano	Luchador profesional	Pirámide	Membrillo

16	17	18	19	20
Sandía	Helicóptero	Luz fluorescente	Altavoz	Fideos
Pizza	Carámbano	Setas	Canguro	Maíz

Crea una imagen para cada pareja de palabras. Una vez hecho, ve a la página 119.

1	2	3	4	5
Edificio	Coche de policía	Campo de fútbol	Aire acondicionado	Abanico
Martillo	Clavo	Pingüino	Llama	Mariposa

6	7	8	9	10
Lágrimas	Candado	Papel higiénico	Coche descapotable	Mes
Cajón de arena	Ballena	Escalera mecánica	Calabaza	Huevo

11	12	13	14	15
Volcán	Sésamo	Pizarra	Bebé	Velero
Kétchup	Ventilador	Periódico	Globos	Hoguera

16	17	18	19	20
Canicas	Hojas caídas	Escuela	Camino	Gafas de sol
Harina	Piscina	Raíl	Uvas	Demonio

Parte de la tabla de la página 108 está en blanco. Piensa en las imágenes que has creado y trata de recordar las palabras.

1	2	3	4	5
Charco	Cama	Bufanda	Bechamel	Tijeras

6	7	8	9	10
Piedra	Montaña	Mantis religiosa	Silla	Jamón

11	12	13	14	15
Brocheta de pollo	Pimiento verde	Trampolín	Trompeta	Sofá

16	17	18	19	20
Aspiradora	Helicóptero	Telaraña	Gorila	Zorro

Parte de la tabla de la página 109 está en blanco. Piensa en las imágenes que has creado y trata de recordar las palabras.

1	2	3	4	5
Cocodrilo	Guindilla	Espagueti	Cama	Micrófono

6	7	8	9	10
Dardos	Tortuga	Abuela	Crema	Paracaídas

11	12	13	14	15
Barra horizontal	Gamba	Saturno	Plato	Murciélago

16	17	18	19	20
Juego de cartas	Acuario	Pasillo	Jirafa	Sombrero

Parte de la tabla de la página 110 está en blanco. Piensa en las imágenes que has creado y trata de recordar las palabras.

1	2	3	4	5
Botas	Helado	Piratas	Manzana	Guantes

6	7	8	9	10
Diente de león	Caballero	Calcetines	Sándwich	Miel

11	12	13	14	15
Semáforo	Aeropuerto	Grúa	Letrero	Reloj

16	17	18	19	20
Estornudo	Raqueta	Trueno	Meteorito	Edificio

Parte de la tabla de la página 111 está en blanco. Piensa en las imágenes que has creado y trata de recordar las palabras.

1	2	3	4	5
Tenedor	Salsa de soja			Café
		Mermelada	Estrella fugaz	

6	7	8	9	10
Bizcocho	Filete		Cinta adhesiva	
		Tambor		Paraguas

11	12	13	14	15
Príncipe		Caracol		
	Hamburguesa		Mascarilla	Estropajo

16	17	18	19	20
Luchador			Medusa	
	Pulpo	Flotador		Castañuelas

Parte de la tabla de la página 112 está en blanco. Piensa en las imágenes que has creado y trata de recordar las palabras.

1	2	3	4	5
	Lupa			
Barba		Cuadro	Collar	Huevo frito

6	7	8	9	10
Policía	Bicicleta		Alfombra	
		Ciruela seca		Esquiar

11	12	13	14	15
Dónut	Cúter			Tornado
		Luchador profesional	Pirámide	

16	17	18	19	20
Sandía		Luz fluorescente		Fideos
	Carámbano		Canguro	

Parte de la tabla de la página 113 está en blanco. Piensa en las imágenes que has creado y trata de recordar las palabras.

1	2	3	4	5
Edificio	Coche de policía	Campo de fútbol	Aire acondicionado	
				Mariposa

6	7	8	9	10
Lágrimas			Coche descapotable	
	Ballena	Escalera mecánica		Huevo

11	12	13	14	15
Volcán			Bebé	
	Ventilador	Periódico		Hoguera

16	17	18	19	20
Canicas		Escuela		Gafas de sol
	Piscina		Uvas	

Fortalece la memoria en tu día a día

Entrena el sensor de imagen para no olvidar caras y nombres

Para aprender un nombre necesitas memorizar dos datos distintos a la vez: el nombre y la cara. Como el nombre está compuesto de letras, es difícil de memorizar. Además, no tiene relación alguna con los rasgos faciales. Por tanto, recordar nombres y caras es complicado. Aun así, el sensor de imagen también te resultará útil para aprender caras y nombres.

Aunque no recuerdes el nombre de una persona, sí que recuerdas su trabajo y sus intereses. Eso ocurre porque tu mente crea una imagen del trabajo y de los intereses de esa persona. Estos datos son más fáciles de evocar que los nombres porque, de manera inconsciente, lo relacionamos con una imagen. Por tanto, si cambiamos la información que contienen las letras y la transformamos en una imagen, nos resultará más sencillo de recordar; a partir de los nombres, la mente crea una personalidad, un trabajo y unas relaciones.

Por ejemplo, si una persona se llama Pol, puedes crear una imagen de una persona a quien le encantan los polos. Si se llama Marcos, imagina que se dedica a vender marcos de fotos.

Si esa persona comparte nombre con algún famoso, juega con eso también. Por ejemplo, si se llama Julio, imagina que podría ser descendiente de Julio César. Lo importante es que la imagen permanezca en la memoria. En el ejemplo anterior, también puedes imaginar que Pol siempre viste con polos.

Para recordar a una persona concreta, conecta las imágenes (la cara) con las palabras (el nombre). **Así, cuando recuerdes un nombre, te vendrá a la mente la imagen completa.** De esta forma, siempre recordarás el nombre.

REFERENCIA Características y reglas de la imagen

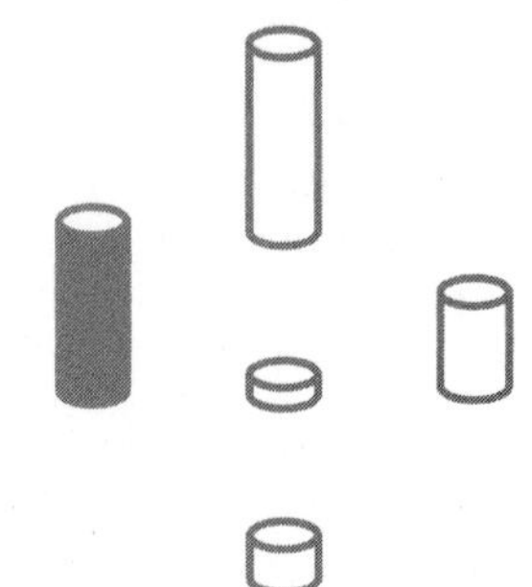

- Cinco cilindros en distintos lugares: arriba, abajo, centro, izquierda y derecha.
- En orden de altura: Arriba, izquierda, derecha, abajo, centro.
- De color negro el de la izquierda y el resto en blanco.

REFERENCIA Características y reglas de la imagen

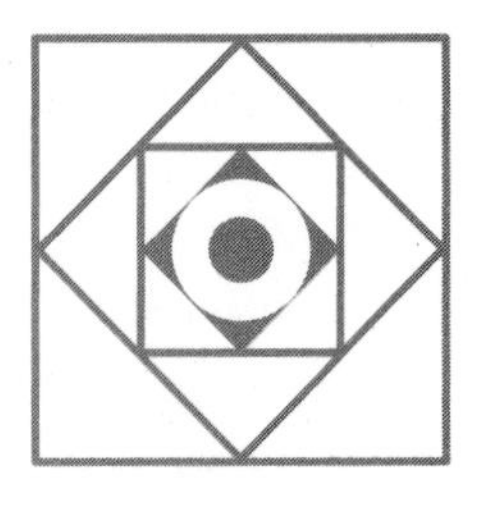

- Cuatro cuadrados.
- Dos círculos (uno más grande que el otro) dentro del cuadrado más pequeño.
- El cuadrado más pequeño y el círculo más pequeño son negros.
- Las esquinas de cada cuadrado tocan el centro de las caras del cuadrado más grande en el que se encuentran.

REFERENCIA Características y reglas de la imagen

- Cuatro emoticonos en fila, de izquierda a derecha: enfadado, contento, triste y feliz.
- Enfadado: líneas rectas y curva hacia abajo.
- Contento: puntos y curva hacia arriba.
- Triste: líneas rectas y punto.
- Feliz: líneas curvas y semicírculo cerrado.

REFERENCIA Características y reglas de la imagen

- Tres filas de tres círculos a los que les falta un cuarto a cada uno.
- De izquierda a derecha: el cuarto que falta rota en el sentido de las agujas del reloj. El círculo del centro es igual al primero y, a partir del siguiente, se cambia el sentido.

REFERENCIA Características y reglas de la imagen

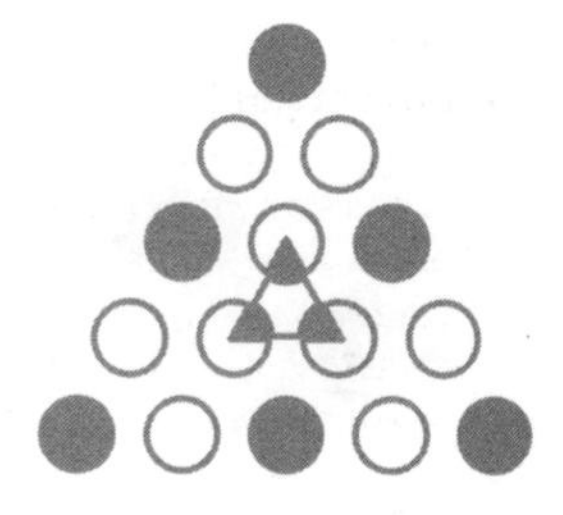

- Triángulo formado por cinco círculos a cada lado.
- Los tres círculos del interior son blancos.
- Los círculos de los extremos y los del centro exterior son negros.
- Un triángulo conecta los centros de los círculos blancos del interior y la parte de este que toca cada una de las circunferencias es negra.

REFERENCIA Características y reglas de la imagen

- Un triángulo blanco, grande y uno más pequeño, negro, en el interior.
- Tres triángulos pequeños en cada una de las esquinas de cada triángulo. El vértice de los triángulos toca una esquina del triángulo negro. Las esquinas del triángulo blanco tocan el centro de la base de los pequeños.
- La parte de los triángulos pequeños superpuesta al triángulo blanco es blanca.

1	2	3	4	5
Charco	Cama	Bufanda	Bechamel	Tijeras
Pañuelo	Sierra	Rosa	Croqueta	Césped

6	7	8	9	10
Brochetas tde pollo	Pimiento verde	Trampolín	Trompeta	Sofá
Vaso	Río	Hipopótamo	Limón	Pez dorado

11	12	13	14	15
Piedra	Montaña	Mantis religiosa	Silla	Jamón
Juguete	Pudin	Sandía	Chicle	Pájaro carpintero

16	17	18	19	20
Aspiradora	Helicóptero	Telaraña	Gorila	Zorro
Pelota	Lápiz	Tofu	Helado	Aguas ter-males

1	2	3	4	5
Cocodrilo	Guindilla	Espagueti	Cama	Micrófono
Sartén	Helado	Tobogán	Cacahuetes	Doctor

6	7	8	9	10
Dardos	Tortuga	Abuela	Crema	Paracaídas
Gomas elásticas	Bolos	Béisbol	Diamante	Cubo

11	12	13	14	15
Barra horizontal	Gamba	Saturno	Plato	Murciélago
Rata	Fuente	Huevo frito	Burbujas	Lechuga

16	17	18	19	20
Juego de cartas	Acuario	Pasillo	Jirafa	Sombrero
Ramo de flores	Anillo	Malvaviscos	Ventana	Bellota

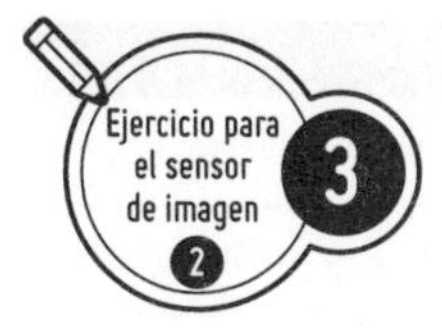

1	2	3	4	5
Botas	Helado	Piratas	Manzanas	Guantes
Hojas secas	Sopa	Edredón	Campo de arroz	Espantapájaros

6	7	8	9	10
Diente de león	Caballero	Calcetines	Sándwich	Miel
Bolos	Palillo	Hielo	Boniato	Muñeco de nieve

11	12	13	14	15
Semáforo	Aeropuerto	Grúa	Letrero	Reloj
Humo	Motocicleta	Azúcar	Pintalabios	Lavadora

16	17	18	19	20
Estornudo	Raqueta	Trueno	Meteorito	Edificio
Sésamo	Oruga	Dinosaurio	Pepino	Fuegos artificiales

1	2	3	4	5
Tenedor	Salsa de soja	Tren	Antena	Café
Piña	Ducha	Mermelada	Estrella fugaz	Esqueleto

6	7	8	9	10
Bizcocho	Filete	Robot	Cinta adhesiva	Fresa
Curri	Nubes	Tambor	Lentes de contacto	Paraguas

11	12	13	14	15
Príncipe	Almohada	Caracol	León	Campo
Ambulancia	Hamburguesa	Cuchara	Mascarilla	Estropajo

16	17	18	19	20
Luchador	Taza de café	Delfín	Medusa	Juego
Panda	Pulpo	Flotador	Cajón	Castañuelas

1	2	3	4	5
Girasol	Lupa	Pavo real	Mono	Espray
Barba	Labios	Cuadro	Collar	Huevo frito

6	7	8	9	10
Policía	Bicicleta	Reloj	Alfombra	Perro
Guitarra	Ninja	Ciruela seca	Tinta	Esquiar

11	12	13	14	15
Dónut	Cúter	Columpio	Avión de papel	Tornado
Mesa	Plátano	Luchador profesional	Pirámide	Membrillo

16	17	18	19	20
Sandía	Helicóptero	Luz fluorescente	Altavoz	Fideos
Pizza	Carámbano	Setas	Canguro	Maíz

1	2	3	4	5
Edificio	Coche de policía	Campo de fútbol	Aire acondicionado	Abanico
Martillo	Clavo	Pingüino	Llama	Mariposa

6	7	8	9	10
Lágrimas	Candado	Papel higiénico	Coche descapotable	Mes
Cajón de arena	Ballena	Escalera mecánica	Calabaza	Huevo

11	12	13	14	15
Volcán	Sésamo	Pizarra	Bebé	Velero
Kétchup	Ventilador	Periódico	Globos	Hoguera

16	17	18	19	20
Canicas	Hojas caídas	Escuela	Camino	Gafas de sol
Harina	Piscina	Raíl	Uvas	Demonio

Ejercicios para el sensor de relación

Test para poner a prueba el sensor de relación

Memoriza las diez palabras que hay a continuación en un minuto. Sin mirar nada, intenta recordar tantas como puedas.

- Pan
- Tomate
- Champú
- Batería
- Leche
- Zapatillas
- Papel higiénico
- Miel
- Sobre
- Cepillo de dientes

Respuesta al test para poner a prueba el sensor de relación.

Si puedes recordar más de 8..., ¡genial!

- Pan
- Tomate
- Champú
- Batería
- Leche
- Zapatillas
- Papel higiénico
- Miel
- Sobre
- Cepillo de dientes

Aquellos que han recordado pocas palabras es porque han memorizado las diez por separado. Por tanto, también han tenido que recordarlas una a una. Por otro lado, aquellas personas que recuerdan muchas de ellas, tienden a conectar las diez palabras, lo cual reduce el esfuerzo de memorización. **Establecer una asociación es muy útil a la hora de aprender algo de manera eficiente.** Si memorizamos información poco a poco, también la recordaremos de la misma forma, pero si la aprendemos por asociación, al recordar un fragmento nos vendrá a la mente todo lo demás. El sensor de relación hace referencia a esta consciencia de relacionar conceptos. Entre los cinco sensores, este es el más útil en el día a día.

Con el sensor de relación ya no dirás: «Lo sé, pero no lo recuerdo»

Cuando hablamos de memoria, no solo nos referimos a la capacidad de memorizar. En realidad, la memoria está relacionada con términos como «memorizar», «retener» y «recordar». Memorizar es aprender una información. Retener significa mantener esta información en el cerebro. Y, finalmente, recordar hace referencia a la extracción de la información. **La capacidad de aprendizaje de cada persona es similar. La mala memoria se debe a que las personas no saben «recordar»,** a que no recuerdan del modo correcto. Estas personas pueden aprender diez datos, pero, a la hora de recordarlos, solo son capaces de extraer, es decir, de recordar, uno. Sin embargo, los diez datos pueden relacionarse entre sí; al recordar uno, se podrá extraer la información de los demás.

Con esta técnica se produce una diferencia abrumadora en la cantidad de información que uno es capaz de recordar. Como se ha mencionado con anterioridad en el capítulo sobre el sensor de imagen, la base de la memoria es la imaginación, pero otro factor muy importante es la «asociación»: esta técnica hace que sea mucho más sencillo aprender y recordar.

Sin embargo, conectar distintos datos no es tan fácil. Todo el mundo puede hacerlo, pero es necesario acostumbrarse a ello para poner esta técnica en práctica sin problemas. Esto se debe a que existen datos que no tienen relación alguna entre sí y debes buscar la manera de conectarlos. Con los siguientes ejercicios activaremos el sensor de relación. Cuando termines con ellos, deberías ser capaz de realizar buenas asociaciones.

Ejercicio para el sensor de relación

1 Crea una fórmula para obtener la respuesta

Crea una fórmula matemática con los números de arriba que dé como resultado el número de abajo.[1] Solo puedes utilizarlos una vez. No tomes notas, hazlo mentalmente. Puedes sumar, restar, dividir y multiplicar, pero no es necesario que hagas todas estas operaciones.[2] No importa en qué orden uses los números, pero la operación matemática debe darte la respuesta del cálculo anterior.[3]

Ejemplo

Ejemplo: $3 \times 4 = 12$ / $12 - 2 = 10$ / $10 \div 5 = 2$

1. No hay una sola respuesta. Puedes hacer diversas operaciones.
2. Puedes restar únicamente, por ejemplo.
3. Después de $2 + 3 = 5$, el siguiente cálculo podría ser 5×3, pero no 3×5.

Ejercicio para el sensor de relación

2 Ordena las imágenes

Inventa una historia de tema libre a partir de las cinco imágenes, usándolas de izquierda a derecha. Una vez lo hayas hecho, deberás recordarla y ordenar las imágenes.

Ejemplo

Ejemplo de historia

Cuando abres una lata vacía, de su interior sale un tornado. Del mar se alza una ballena y, al caer, un volcán entra en erupción.

				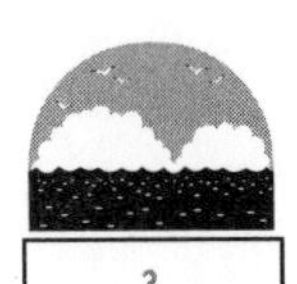
5	4	2	1	3

Crea una fórmula matemática con los números de arriba y, usándolos una sola vez, obtén el número de abajo.

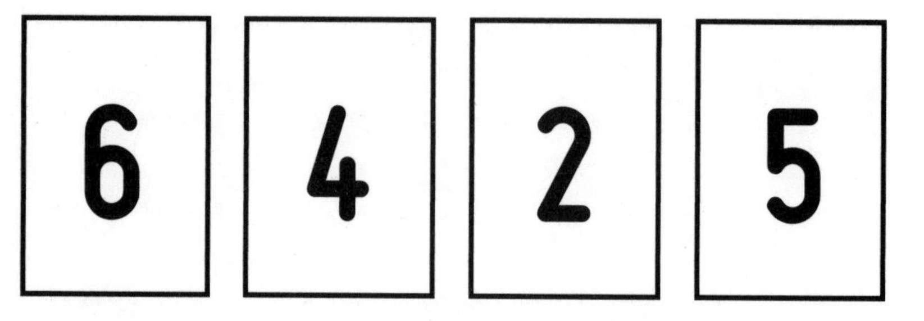

1

Crea una fórmula matemática con los números de arriba y, usándolos una sola vez, obtén el número de abajo.

8	5	7	1

3

Crea una fórmula matemática con los números de arriba y, usándolos una sola vez, obtén el número de abajo.

1	8	9	6

7

Crea una fórmula matemática con los números de arriba y, usándolos una sola vez, obtén el número de abajo.

10

Crea una fórmula matemática con los números de arriba y, usándolos una sola vez, obtén el número de abajo.

5	2	4	9	6

10

Crea una fórmula matemática con los números de arriba y, usándolos una sola vez, obtén el número de abajo.

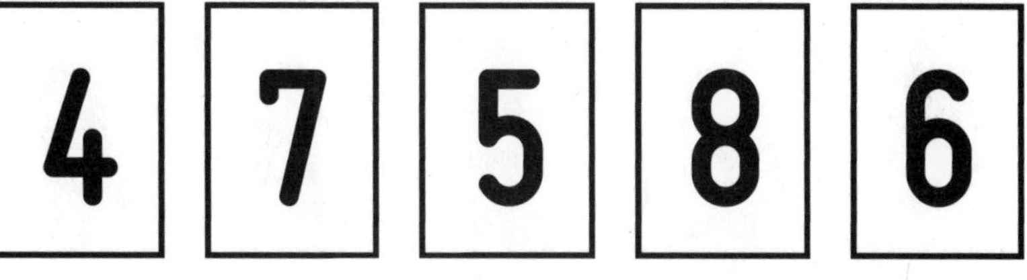

10

Inventa una historia de tema libre con las siguientes imágenes, de izquierda a derecha. Luego ve a la página 146.

Inventa una historia de tema libre con las siguientes imágenes, de izquierda a derecha. Luego ve a la página 147.

Inventa una historia de tema libre con las siguientes imágenes, de izquierda a derecha. Luego ve a la página 148.

Inventa una historia de tema libre con las siguientes imágenes, de izquierda a derecha. Luego ve a la página 149.

Inventa una historia de tema libre con las siguientes imágenes, de izquierda a derecha. Luego ve a la página 150.

Inventa una historia de tema libre con las siguientes imágenes, de izquierda a derecha. Luego ve a la página 151.

Las imágenes de la página 140 aparecen desordenadas. Recuerda la historia y ordénalas.

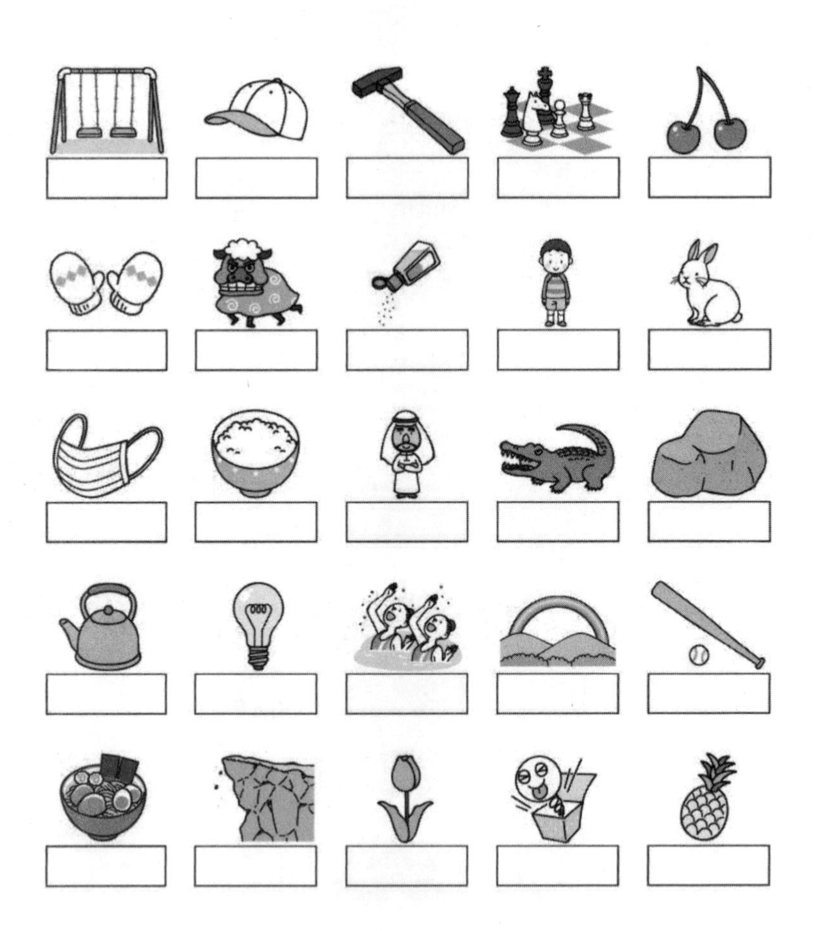

Las imágenes de la página 141 aparecen desordenadas. Recuerda la historia y ordénalas.

Las imágenes de la página 142 aparecen desordenadas. Recuerda la historia y ordénalas.

Las imágenes de la página 143 aparecen desordenadas. Recuerda la historia y ordénalas.

Las imágenes de la página 144 aparecen desordenadas. Recuerda la historia y ordénalas.

Las imágenes de la página 145 aparecen desordenadas. Recuerda la historia y ordénalas.

Fortalece la memoria en tu día a día

Cómo entrenar el sensor de relación para recordar la lista de la compra

El sensor de relación es útil para memorizar cosas que tengamos que hacer o comprar. Por ejemplo, si tuviéramos que comprar tomate, una toalla, cerveza, papel higiénico, leche y pilas, podríamos crear una historia como esta: el señor Tomate se limpia el sudor con una toalla y bebe cerveza. Se emborracha y choca con el papel higiénico. Debido al impacto, los paquetes de leche, que están encima del papel, caen y se derraman. Entonces, las pilas también se caen y el señor Tomate se electrocuta. Si reproduces esta historia dos o tres veces, la memorizarás. Es una técnica efectiva para el trabajo y los estudios.

Voy a darte dos consejos para entrenar el sensor de relación en tu vida diaria. **El primero: reproduce siempre las imágenes creadas en el cerebro.**

Como he explicado antes, la imagen ayuda al cerebro a recordar con mayor facilidad. **El segundo: crea una historia lo más surrealista posible.** Cuanto más divertida es la imagen, más afecta a las emociones. Te recomiendo que des vida a objetos inanimados: haz que los ordenadores tengan extremidades y añade cabeza a las montañas. Al no ser creíble, la historia tendrá un gran impacto. En el caso de algo que no es visible, crearemos una historia a partir de lo que simboliza la palabra o con algo asociado a ella. Por ejemplo, el Ministerio de Medio Ambiente lo relacionamos con un río, el Ministerio de Finanzas significa facturas y el Ministerio de Educación lo asociaríamos con un lápiz. A partir de aquí podemos inventar una historia como: una factura fluye por el río, la recogemos y escribimos un nombre con el lápiz. Si lo memorizas de esta forma, recordarás las palabras originales a medida que las pistas aparezcan.

6	4	2	5

1

$4 + 5 = 9$

$9 - 6 = 3$

$3 - 2 = \underline{1}$

8	5	7	1

3

$7 + 5 = 12$

$12 - 8 = 4$

$4 - 1 = \underline{3}$

1	8	9	6

7

$9 + 6 = 15$

$15 - 8 = 7$

$7 \times 1 = \underline{7}$

4 8 5 2 1

10

8 + 5 = 13

13 - 4 = 9

9 + 2 = 11

11 - 1 = 10

9 + 6 = 15

15 ÷ 5 = 3

3 × 2 = 6

6 + 4 = 10

4 7 5 8 6

10

8 - 7 = 1

1 × 6 = 6

6 - 4 = 2

2 × 5 = 10

Ejercicio para
el sensor
de relación
2
1

2 5 1 4 3
2 4 1 3 5
1 2 5 3 4
4 3 2 1 5
1 2 4 3 5

Ejercicio para
el sensor
de relación
2
2

2 1 4 3 5
3 5 1 4 2
4 2 3 1 5
5 4 3 2 1
1 4 5 2 3

Ejercicio para
el sensor
de relación
2
3

4 5 3 1 2
1 3 4 5 2
5 4 3 1 2
3 4 2 1 5
1 3 5 4 2

Ejercicio para
el sensor
de relación
2
4

2 1 4 3 5
1 5 3 4 2
3 4 1 2 5
1 4 3 2 5
2 1 3 5 4

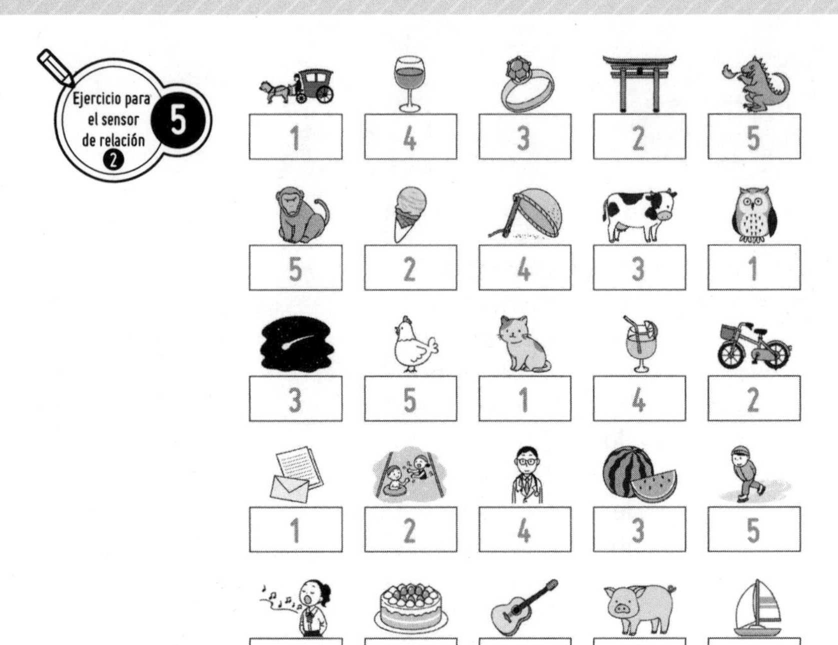
Ejercicio para el sensor de relación 2
5
1 4 3 2 5
5 2 4 3 1
3 5 1 4 2
1 2 4 3 5
2 1 3 4 5

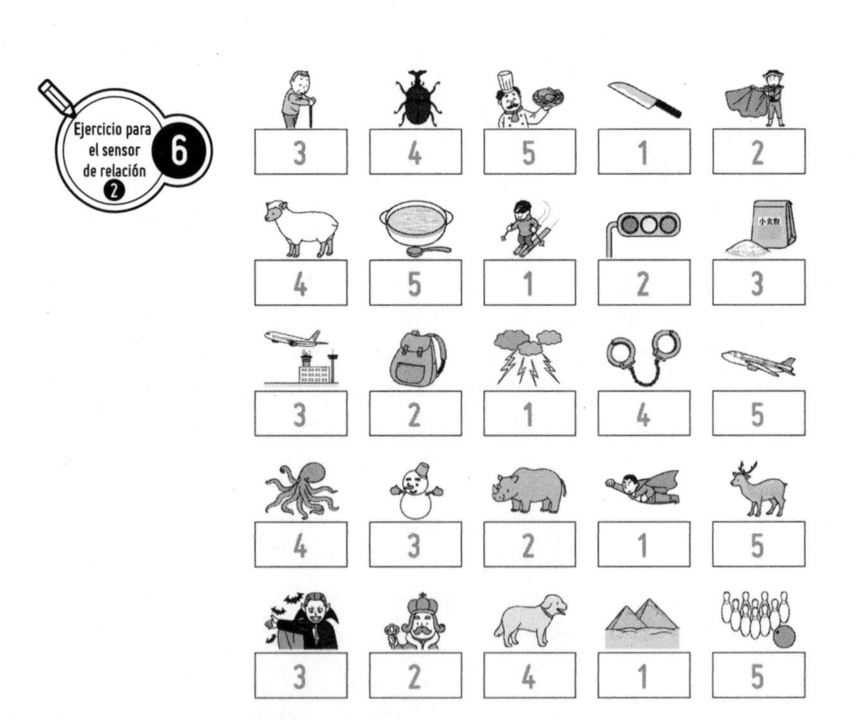
Ejercicio para el sensor de relación 2
6
3 4 5 1 2
4 5 1 2 3
3 2 1 4 5
4 3 2 1 5
3 2 4 1 5